동물의 정치적 권리 선언

동물의 정치적 권리 선언

SHOULD ANIMALS HAVE POLITICAL RIGHTS?

앨러스데어 코크런
Alasdair Cochrane
지음

박진영·오창룡
옮김

창비

차
례

일러두기

1. 본문의 주는 모두 옮긴이의 주이다.

2. 본문의 고딕체는 원서에서 이탤릭으로 강조한 부분이다.

1장

서론

잉글랜드의 짐승들이여, 아일랜드의 짐승들이여,

온 세계 방방곡곡의 짐승들이여,

내 기쁜 소식에 귀 기울이라.

황금빛 미래를 알리는 이 기쁜 소식에.

곧 그날이 오리,

독재자 인간이 쫓겨나고

잉글랜드의 기름진 들판이

짐승들의 것으로 돌아오는 그날이.

우리들의 코에서 코뚜레가 사라지고

우리들의 등짝에서 멍에가 사라지고

재갈과 박차는 영원히 녹슬고

잔혹한 회초리도 없어지리라.

—조지 오웰 『동물 농장』(Orwell 2000: 8) •

동물과 정치 둘 다를 주제로 삼은 가장 유명한 책은 조지 오웰의 『동물농장』이 아닐까 한다. 인간 주인을 몰아내고 자력으로 농장을 이끌어가려는 농장 동물 집단을 그린 이 교훈적인 이야기는 당연히 환영받았다. 줄거리를 풀어가는 화자가 모두 동물이라는 사실에도 불구하고, 흥미롭게도 이 책은 실제로 동물에 관한 내용이 전혀 아니다. 책을 읽어보면 동물의 등장은 순전히 우화적이다. 『동물농장』은 권력·지배·평등·연대·혁명·부패·폭정에 관한 이야기이며, 정치에 관한 이야기이다. 정치에 관한 이야기이기에 분명 동물에 관한 책이라 할 수 없다.

이는 정치가 인간에 의한, 인간을 위한 관습 그리고 철저한 인간 중심의 학문과 실천에 기반한 오랜 견해임을 보여준다. 아리스토텔레스가 서술하는 인간은 **정치적 동물**$zoon$

• 조지 오웰 『동물농장』, 도정일 옮김, 민음사 1998, 15면에서 발췌.

*politikon*이다. 아리스토텔레스에게 정치는 인간의 본질이자 목적이며, 우리가 아는 그 어떤 다른 생명체와도 공유할 수 없는 특성이다. 정치의 인간 중심적 배타성은 대학 학제에도 확실하게 반영된다. 정치학에는 동물을 연구하는 학자가 없다. 동물연구는 애초에 생물학자와 윤리철학자들의 영역으로 받아들여졌다. 인간 중심적 배타성은 정치 관행에서도 여실히 드러난다. 정책 입안자들이 때때로 동물의 이익에 관심을 둘 수도 있겠지만, 그런 일은 구성원들이 요구할 경우에만 가능하다. 물론 그 구성원은 철저히 인간이다. 전통적인 관점에서 동물은 정치적 삶에서 동떨어져 있거나 제외된다. 동물은 인간의 권력 구조에 속하지 않고, 정치 기구를 구성하지 않으며, 정책 의제도 주도하지 않는다.

하지만 이런 식으로 동물과 정치를 분리하는 것은 무익한 만큼이나 결함을 갖고 있다. 우리 사회가 **다양한 종의** 생명체들로 구성되어 있다는 것은 틀림없는 사실이다. 이는 우리가 거주하는 집이나 도시에 사는 동물들을 생각해보면 분명해진다. 인간 주거지 밖에 사는 야생동물들 또한 마찬가지다. 야생동물도 인간이 정의하고 지배하는 지역사회 내에 산다. 인간 사회를 지배하는 제도와 정책들에 비인간 거주자들이 주는 영향이 전혀 없을 거라는 생각은 터무니없다. 동물은 비인간 외계 영토의 '저쪽'에 사는 것이 아니라 정치적 권력 행사가 불가피한 다종 공동체 안에 살기 때문이다. 『동물농장』의 이야기 자체는 이 사실을 확실히 인식한 듯하다. 이 책은 농장 동물들이 겪는 잔혹성에 관한 언급뿐 아니라 동물을 지배하는 인간의 폭력성을 다소 당황스러울 정도로 명료하게 표현하고 있다. 이 장의 시작 부분에 발췌 인용한, 저항하는 동물들이 부르는 '잉글랜드의 짐승들'Beasts of England이라는 노래가 이를 잘 나타낸다. 이 노래는 한편으로 인터내셔널가The Internationale와 기타 정치적 노래political anthems와의 비교를 분명히 언급하지만, 다른 한편으로 코뚜레·마구馬具·미끼·채찍을 통해 필연적으로 벌어지는 인간의 동물 지배를 폭로하고 있다.

동물과의 정치적 관계가 필연적이라면, 그것은 어떤 형태가 되어야 할까? 인간 사회의 정치 구조, 제도, 정책이 비인간동물에게서 영향을 받는 동시에 그들에게 지대한 영향을 끼치는 것은 자명한 사실인데, 그렇다면 이것들을 어떻게 구성해야 할까? 결정적으로, 인간 정치 공동체가 특정 동물의 권리를 인정하고 옹호해야 할까? 이러한 질문들에 답을

하는 것이 이 책의 가장 주요한 과제다.

동물 윤리학에서 동물 정치학으로

하지만 이런 질문들을 다루려는 시도는 즉각적인 어려움에 직면하게 된다. 간단히 말하자면 이를 추진할 만한 대단한 동기부여가 없다. 동물과 인간의 **도덕적** 관계나 동물이 도덕권moral rights을 소유하는지에 관한 물음을 다룬 글들은 이미 충분하다. 사실 동물 윤리학은 학술지와 단행본, 그 영역에 속한 학술회의 등을 두루 갖춘, 확고하게 자리를 잡은 연구 분야이다. 그러나 동물과 인간의 도덕적 관계와 권리가 어떤 영향을 미치는지, 적어도 **정치적**으로 어떻게 구성되어야 하는지에 대한 학계의 입장은 충분하지 못하다. 이는 동물과 정치가 각기 다른 영역이라고 보는 생각이 지배적임을 반영한다.

'고전古典'으로 여겨지는 피터 싱어의 『동물해방』(1995[1975])을 예로 들어보자. 이 책이 정치에 무관심하다는 것은 부인할 수 없는 사실이다. 싱어는 모든 동물이 쾌고감수능력sentience● 의 관점에서 동일한 도덕적 가치를 지닌다고 본다. 그렇기에 동물에게 잠재적으로 영향을 끼칠 수 있는 사항을 결정할 때, 이 도덕적 가치를 근거로 인간의 필요와 동물의 필요가 동일 선상에서 고려되어야 한다고 주장한다. 그의 주장은 분명한 정치적 함의를 지니는데, 특히 축산업과 동물연구 관련 정책에서 그러하다. 그러나 동물의 도덕적 가치에 관한 이러한 주장이 동물과의 전반적인 정치적 관계, 다시 말해 인간의 정치사상, 정치 구조와 제도에 얼마나 영향을 미치는지에 대해 싱어는 언급하지 않는다. 그도 그럴 것이, 윤리철학자인 싱어의 주요 관심사는 동물의 도덕적 가치가 각 개인에게 미치는 영향과 그로 인한 개인의 선택에 있기 때문이다.『동물해방』초판에는 심지어 채식주의자 레시피가 수록되어 있었다! 그러므로 "'가장 열렬한 동물해방론자부터 가장 완고한 육식주의자까지 어느 누구

● sentience의 사전적인 의미는 감각을 느끼고 경험할 수 있는 능력으로, 17세기 서양 철학자들은 이 단어를 인간의 생각하는 능력과 대비되는 맥락에서 사용했다. 한편 동물권리 운동가들은 sentience를 쾌락과 고통을 경험할 수 있는 능력으로 규정한다. 동물이 인간과 같은 이해 능력을 가지지는 못하지만, 인간과 마찬가지로 음식, 휴식처, 동료애, 자유에 대한 욕구를 가지며 고통을 피하는 능력이 있다고 본다. 단 형용사 sentient 역시 '쾌고감수능력이 있는'으로 번역하는 것이 타당하나 이 책에서는 가독성을 높이기 위해 '지각 있는'으로 번역했다.

도' 동물이 '태생적으로 시민권 및 정치적 권리'를 누리기에 적합한 존재라 여기지 않는다"라던 브라이언 베리의 주장(2001[1992]: 481면) 역시 그다지 놀랍지 않다.

그러나 이러한 관점이 변하고 있다. 동물과의 정치적 관계에 관한 본질적인 문제 제기가 증가하고 있다. 많은 사상가들이 만약 동물을 진지하게 대한다면 인간 정치 공동체가 어떤 형태가 될 것인지를 상상하기 시작했다(Cochrane 2018; Donaldson and Kymlicka 2011; Garner 2013; Nussbaum 2006; O'Sullivan 2011). 여기에서 그들의 연구가 동물 윤리학의 전통적인 이론에서 벗어난 것이 아니라, 이 이론을 근거로 논의됐다는 점을 주요하게 지적할 필요가 있다. 이러한 정치적 접근은 동물 윤리학자들이 내린 결론, 즉 동물은 도덕적 가치와 도덕적 권리를 지닌다는 주장에서 **출발**하는데, 이는 인간이 지닌 권력과의 관계에서 동물의 도덕적 가치와 권리가 무엇을 의미하는지 묻기 위해서이다. 학자들은 인간이 동물을 어떻게 생각하고 대우해야 하는지에 관한 질문을 **정의**의 관점에서 인간이 동물에 대해 어떤 **책임**을 져야 하는지에 대한 질문으로 바꾼다. 또한 동물의 가치를 고려한 인간의 정치 질서가 어떻게 구성되고 재창조될 수 있을지 반문한다.

그들은 『동물농장』의 주제(권력·지배·평등·연대·혁명·부패·폭정)가 동물과 인간의 관계에 적용 가능하다는 생각을 매우 중요하게 받아들인다. 베리의 견해와 반대로, 동물이 정치적 권리를 지닐 수 있으며 반드시 그래야 한다고 주장한다. 그런데 이 주장은 타당한가?

정치적 권리와 동물

이 질문에 답하기에 앞서, 우리가 말하는 동물의 정치적 권리가 무엇을 의미하는지에 대한 이해가 어느 정도 바탕이 되어야 한다. 이는 내가 이 책에서 정치적 권리라는 용어를 매우 엄격한 기준을 두고 사용하지 않기에 중요하다. 우선 정치적 권리를 구성하는 확실한 리스트에 중점을 두지 않는다. 예컨대 결사의 자유, 언론의 자유, 집회의 권리 등과 같은, 나아가 때로 이들 용어와 함께 연상되는 '시민의 자유'에 대한 논의 등으로 정치적 권리를 제한하기보다 좀더 폭넓게 접근하고자 한다. 특히 정의의 관점에서 동물에게 어떤 의무가 있는지, 그리고 그에 맞춰 정치 공동체가 합법적으로 집행할 수 있고 또 반드시 집행해야 하는 행위와 조치에는 어떤 것이 있는지에 초점을 둔다. 따라서 이 책에서 말하는 '정치적 권리'란 동물이 정치 공동체 내에서 어떤 대우를 받아야 하는지, 시민과 정부 당국 등이 동물을 위해 무엇을 제공할 의무가 있는지 등을 의미한다. 동물은 그들의 이익이 정책 입안자들에 의해 고려될 만큼 자격을 부여받았는가? 동물에게 위해를 가하는 특정 관행을 참지 않을 권리가 있는가? 인간과 마찬가지로 동등하고 공평하게 대우받을 기본권을 지녔는가? 성원권membership과 민주적 대표성에 대한 권리를 가지는가? 이 모든 사안이 책의 핵심 논의점이다.

이 책은 동물의 다양한 권리를 분석하거나 동물이 이 권리들을 유의미하게 소유할 수 있는지 여부를 비중 있게 다루지 않는다. 그런 쟁점들은 이미 너무 많이 언급되었고, 우리가 다룰 논쟁에도 전혀 도움이 되지 않는다. 이 책의 주요 초점은 정치적 권리의 본질에 대한 이론적 논의가 아닌, 동물과 어우러진 인간의 정치적 생활을 어떻게 조직할 것인가에 있다. 따라서 이 책에서 다루는 권리는 매우 기본적인 개념을 인용하고 있으며, 일반적이라 할 수는 없어도 학계에서 통용되는 수준의 접근이다. 여기서는 권리를 타자에게

의무를 부여할 정도로 중요한 개체의 이해관계로 파악한다
(Raz 1988). 나아가 지각 있는 동물은 그들이 가진 이해관계의
일부가 타자에게 의무를 부여하기 때문에 권리를 갖는다고
주장할 것이다(Feinberg 1974).

이 책의 순서

이 책은 다섯장에 걸쳐 동물의 정치적 권리에 대한 의
문점들을 고찰한다. 각 장에서 동물과 인간이 정치적 관계
를 조직하기 위한 방법을 알아보고, 그러한 메커니즘을 통
해 동물에게 제공 가능한 권리를 탐구한다. 1장 서론에 이어
2장에서는 정치 공동체가 **동물복지법** 제정을 통해 동물과의
관계를 지배하는 가장 보편적인 방식을 검토할 것이다. 동
물복지법 부재로 동물이 어떤 처우를 받고 있는지 살펴보고
동물이 인간의 이익에 부합할 경우에만 보호를 받는 현실을
짚어본다.

하지만 2장에서는 이 사안들을 넘어 동물이 누려 마땅할
권리에 대해서도 논의할 것이다. 사실 지각 있는 동물은 단

순히 인간의 이익에 부합하는지 여부를 떠나 **내재적 가치를** 지닌다. 내재적 가치란 동물의 이익이 단지 인간에게 이익이 될 경우만이 아니라 동물의 존재 자체만으로 성립되는 가치를 의미한다. 더욱이 동물은 그들의 내재적 가치를 존중받아야 할 기본권을 지녔다. 이 권리로의 이행은 동물과 정치 공동체의 관계를 판단할 수 있는 바로미터이다. 달리 말하자면 이 책에서 전반적으로 추구하는 것은 동물의 내재적 가치를 존중하는 정치 시스템이다. 그러나 불행하게도 동물복지법이 적용되는 시스템만으로는 부족하다. 동물복지법이 강력해지고 동물이 특정 권리를 부여받는다 해도 동물의 권리는 인간의 자유와 권리에 의해 너무나 쉽게 무시되고 희석된다.

이러한 취약성을 이유로 3장에서는 **헌법 조항을** 통해 동물복지법을 강화할 수단을 분석한다. 어떤 국가에서는 헌법에 명시함으로써 동물보호를 공동체의 의무로 확립했다. 이는 동물복지법이 상위법의 지위를 지니고 있으며 동물의 이익에 보다 큰 비중을 두고 있음을 시사한다. 그러나 그러한 법 조항이 제정되어 있음에도 불구하고 동물의 핵심 이익은 여전히 일상적으로 침해받고, 종종 상대적으로 사소한 인간의 이익 때문에 뒷전으로 밀린다. 헌법 조항이 동물의 내재적 가치를 존중하기에는 여전히 충분하지 않은 것 같다.

4장에서는 동물의 인격성을 인정함으로써 동물에게 인간과 동등한 법적 지위를 부여할 수 있는 가능성을 논의할 것이다. 동물이 '법적 인격'임을 수용하는 것은 동물의 기본권, 즉 동물에게 인간에 준하는 가치와 중요성을 지닌 동일한 권리를 부여하는 길을 열어준다. 인간의 최소 이익을 위해 동물이 희생되지 않을 권리를 주는 것이다. 따라서 인격성 개념은 매우 유의미하며 동물이 겪는 엄청난 고통과 도축을 중단시키는 시작이 되겠지만, 이 책은 동물의 이익 그 자체를 존중하는 것만으로는 부족하다는 의견을 밝힐 것이다.

인격성 개념, 그리고 동물복지법과 헌법 조항으로 충분하지 않은 이유는 이러한 조치들이 대체로 동물을 그저 보호하는 데서 그치기 때문이다. 지각 있는 동물은 단지 상해를 입지 않고 사는 것뿐만 아니라 잘 살아가는 것에도 관심이 있다. 동물이 잘 살기 위해서는 정책 수립에 있어 불리한 영향을 받지 않도록 보호하는 것에 더해 공동의 재화와 서비스 혜택을 향유할 수 있어야 한다. 동물의 이익이 사회의 공공선에 포함되어야 한다는 말이다. 이러한 이유로 5장에서는 인간 정치 공동체 내에서 동물에게 **성원권**을 주어야 한다는 주장에 대해 논의할 것이다.

이 책의 실질적 마지막 장인 6장은 동물이 이러한 방식으로 **민주적 대표성**이라는 권리를 누리게 될 때 비로소 공공선에 적절히 포함될 수 있다고 주장한다. 정책 입안자들이 동물의 민주적 대표성을 고려하지 않는다면 정책 결정 과정에서 동물들의 이익은 쉽게 무시되거나 소외될 수 있기 때문이다.

종합적으로, 이 책은 동물을 위한 정치적 권리의 지평을 여는 책이다. 그러므로 우리가 동물과의 정치적 관계를 변화시켜 동물이 폭넓은 정치적 권리를 향유해야 한다는 주장을 담고 있다. 우선 무엇보다 근본적으로, 이 주장은 동물이 그들의 내재적 가치로 인해 존중받을 권리를 갖는다는 전제에서 시작된다. 더 나아가 이 권리를 보호하기 위해 동물은 위해를 가하는 특정 관행으로부터 보호받을 권리가 있다. 동물의 권리는 인간의 기본권 및 자유권과 동일 선상에서 향유될 수 있어야 한다. 더불어 동물의 이익이 공공선 형성에 유의미하게 포함되기 위해서는 동물이 민주적 대표성과 우리 정치 공동체의 구성원으로서 권리를 가져야 한다.

2장

동물복지법

1806년 영국 잉글랜드 서식스의 법원은 굉장히 섬뜩한 소송 사건을 심리했다. 한 피의자 남성이 이웃의 개에게 황산을 뿌린 혐의로 기소되었다. 황산을 뿌린 다음 날 그 개는 옆구리 부위가 부식되어 창자가 몸 밖으로 흘러나왔다. 그럼에도 가해자는 민사소송을 통해 고작 해당 개의 가치를 변상하는 책임만 졌다. 담당 판사는 배심원들에게 개 주인이 느꼈을 분노를 참작해 징벌적 손해배상을 판정하지 말라고 주의를 주기까지 했다. 즉 배심원의 임무는 처벌이 아닌 보상을 판단하는 것이었다(Turner 1964: 105면). 판사의 언급은 당시 법정 상황에 비추어 볼 때 매우 일리가 있었다. 그 시기 영국에는 동물복지법과 관련한 그 어떤 것도 존재하지 않았다. 1822년에 이르러서야 동물에 대한 특정 행위를 명시적으로 금지하는 관련 법이 마련되었다. 따라서 잔인한 이웃이 범법 행위를 했다 해도 범죄의 대상은 개가 아니었다. 사실 상 개에게 범죄를 저지르는 것은 불가능했다. 개를 상대로 한 범죄가 발생한다면 그것은 분명 개의 인간 주인을 향한 범행이었다.

이 사건은 동물복지법이 없는 인간 정치 공동체에서 동물을 상대로 한 잔인한 행동이 어떻게 처리되었는지를 여실히 드러낸다. 동물복지법이 없다고 해서 어떤 상황에서든 인간 마음대로 동물을 대해도 되는 건 아니다. 그러나 동물은 인간의 이익에 기여할 경우에만 그에 따른 보호를 받을 수 있었다. 이는 방금 다룬 예에서 보듯이 동물은 인간의 재산이며 인간은 일반적으로 자신의 재산이 훼손되지 않는 것에 관심을 두기 때문일지도 모른다. 혹은 보호가 다른 사람의 이익에 부합하기 때문일 수도 있다. 일례로 18세기에 공개적으로 동물을 채찍질한 개인은 '치안 문란 행위'로 기소됐다.

결국 동물복지법이 없는 정치 공동체에서 동물은 **간접적**으로만 보호할 수 있다. 인간의 이익에 기여할 경우에 한할 뿐이다. 이는 비인간동물에게는 **도구적** 가치만 있다는, 서구 사상에서 비롯된 오랜 견해를 반영한다. 동물과 동물의 이익은 그 자체로 중요하지 않으며 더 정확히는 동물이 인간에게 이익이 될 때에만 중요하다. 인간만이 우리가 말하는 **내재적 가치**를 지녔고, 인간과 인간의 이익은 다른 사람에게 이익이 되기 때문이 아니라 그 자체로 보호할 가치가 있다는 점에서 특별하다.

이러한 견해는 타당한가? 아니면 정치 공동체가 일부 비인간동물이 내재적 가치를 지녔다고 인정해야 하는가? 그래야 한다면 동물복지법은 비인간동물의 내재적 가치를 보호하는 올바른 수단을 제공하는가? 이번 장에서는 세 섹션에 걸쳐 이러한 의문점을 살펴볼 것이다. 우선, 동물은 도구로서만 가치가 있다는 전통적인 주장을 짚어보고 반박하고자 한다. 그다음으로 모든 '지각 있는' 생명체, 즉 그가 속한 세계로부터 직접 겪고 느낄 수 있는 생명체는 **내재적** 가치를 소유한다고 주장할 것이다. 이것은 지각 있는 비인간동물과 그들의 이해관계가 존재 자체로 직접적인 보호를 받을 가치가 있음을 뜻한다. 마지막으로 동물복지법이 지각 있는 생명체의 내재적 가치를 존중하는지 혹은 존중할 수 있는지 여부를 다룰 것이다.

동물은 도구적 가치만을 소유하는가?

　서구의 정치사상과 관행은 전통적으로 지나치게 인간 중
심적이었다. 우리가 살펴본 바와 같이 전통적 관점은 인간
만이 내재적 가치를 지닌다고 주장해왔다. 오로지 인간만이
도덕적·정치적으로 고려되는 존재일 뿐 아니라 인간의 이
익만이 그 자체로 직접적인 보호를 받는다는 뜻이다. 그렇
다면 인간 예외주의와 우월주의의 근간은 무엇인가?

　인간 예외주의의 가장 주요한 근간 중 하나는 바로 고대
그리스 사상에 기원을 두고 있다. 일례로 아리스토텔레스
는 인간만이 유일한 '정치적 동물'이라고 선언했다. 인간만
이 정치를 할 수 있고 정치를 수행하는 유일무이한 존재라
는 의미이다. 인간에게는 이성, 의사소통 능력, 사회성 같은
고유한 특성이 있기 때문에 정치는 독점적으로 인간 중심의
영역일 수밖에 없다(Aristotle 1992).

　이러한 관점은 하나님이 인간을 직접 창조했을 뿐 아니라
인간은 '동물을 다스릴 권리'를 부여받았다고 가르치는 기
독교 교리에 의해 더욱 강화되었다. 기독교 저술가들은 인
간이 지닌 합리적이고 도덕적인 힘이 우주와 정치 두 영역

에서 특별한 지위를 드러내는 증거라고 주장했다.

중요한 것은, 종교적 도그마의 영향력이 점차 약화되기 시작한 18세기 유럽 계몽주의 시대에도 인간 예외주의와 우월주의에 대한 생각이 변함없이 굳건했다는 사실이다. 과학에 기반한 새로운 믿음은 인간 고유의 능력에 대한 믿음을 더욱 확고히 했다. 인간을 제외한 다른 종들이 과연 그들 주변 세계를 이해하고 설명하고 변화시킬 수 있는 합리적 능력을 지녔는가?

실제로 사상가들은 인간이 동물을 잔인하게 대하면 안 된다는 견해를 옹호했으나 이는 여전히 철저한 인간 중심적 배경에 바탕을 두고 있다. 예를 들어 아우구스티누스, 이마누엘 칸트 등이 지지한 전통적인 동물학대 반대 주장의 근거는 동물학대가 인간의 악랄한 성격적 특성을 발달시키고, 이는 다시 인간을 향한 잔인함으로 이어질 가능성이 있다는 것이었다(Augustine 1998; Kant 1963). 이런 생각에 비추어 볼 때 동물이 전통적으로 서양의 정치 시스템에서 중요하게 간주되지 않았다는 사실이 그리 이상한 일도 아니다.

이러한 오랜 믿음이 잘못된 것일까? 철학자 제러미 벤담은 확실히 그렇게 생각했다. 18세기에 그는 인간 예외주의를 거부한 것으로 유명한데, 이는 모든 지각 있는 생명체의 내재적 가치를 인정하는 쪽으로 전환시킨 사건이었다.

폭압이 아니면 빼앗을 수 없었을 동물의 권리를 동물들이 다시 되찾을 날이 반드시 올 것이다. 프랑스인들은 인간이 검은 피부를 가졌다는 이유만으로 변덕스러운 괴롭힘에 대한 보상도 받지 못한 채 버려져서는 안 된다는 것을 이미 알고 있다. 다리의 수, 털이 많은 피부, 폐경 등의 이유 역시 지각 있는 존재를 버리는 것에 대한 충분한 이유가 될 수 없다. 그러한 불가항력적인 구분을 극복하려면 무엇이 있어야 하는가? 이성 능력인가, 아니면 담론 능력인가? 그런데 다 자란 말 혹은 개가 하루, 한주, 한달 된 아기보다 훨씬 더 합리적일 뿐 아니라 대화하기 쉽다. 그렇다면 어떤 접근이 가능할 것인가? (…) 문제는 그들이 "**추론**을 할 수 있는가?" 혹은 "**말**을 할 수 있는가?"가 아니다. 오히려 그들이 "**고통**을 받는가?"라는 질문을 던져야 한다(Bentham 1823[1780]).

벤담은 우리가 믿음의 항목이 아닌 합리적 이유에 근거하여 도덕적으로나 정치적으로 누가 중요한지 결정해야 한다고 주장한다. 더욱이 인간 예외주의를 정당화하고자 전통적으로 제시된 논리는 근거가 약하다. 인간만이 언어, 이성 또는 여타 능력을 가지고 있다는 전제로 그러한 존경을 받을 수는 없다. 개별 인간보다 더 큰 능력을 지닌 개별 동물은 항상 존재하기 마련이기 때문이다. 그러므로 벤담은 **모든** 인간이 도덕적으로나 정치적으로 중요하고, 모든 인간이 당연히 내재적 가치를 지녔다면, 이는 인간 모두가 공유하는 무언가에 근거해야 한다고 보았다. 벤담은 인간이 '감각적인 존재'라는 이유를 들었다. 보다 현대적인 언어로 표현하자면, 인간은 '지각을 지닌' 존재이기 때문에 이러한 가치를 소유했다고 말할 수 있다. 인간이 고통과 즐거움을 통해 세상과 그 안에서 자신의 공간을 경험할 수 있는 능력을 지녔다는 주장이다. 인간이 지각이 있기 때문에 내재적 가치를 소유한다면, 그러한 가치는 종에 관계없이 동일한 능력을 지닌 모든 개체에게 인정되어야 한다.

내재적 가치로서의 쾌고감수능력

그러나 쾌고감수능력에 초점을 두는 것이 타당한가? 쾌락과 고통을 느끼는 능력이 있는 모든 생명체는 내재적 가치를 지니는가? 그렇다면 그들의 이익은 단순히 인간의 이익에 부합하지 않더라도 그 자체로 보호되어야 한다. 이 관점은 확실히 현대 사회에서 광범위하게 받아들여지는 듯하다. 결국 인간에게 이익이 될 경우에만 동물을 보호하는 것이 동물에게 광범위한 고통을 야기할 수 있다는 사실이 우리를 가장 혼란스럽게 한다. 예를 들어, 앞서 언급한 잔인한 이웃이 황산을 뿌린 대상이 **떠돌이** 개였다면 그가 법정에 설 일은 거의 없었을 것이다. 그러나 우리는 대체로 떠돌이 개를 포함한 **모든** 개들이 끔찍한 공격으로부터 보호받아야 한다고 믿는다. 개들이 인간의 이익에 분명한 득이 되지 않을 때조차도 보호받아야 한다. 이러한 견해는 끔찍한 공격으로 인해 극심한 **고통**을 초래하는 현실에도 해당된다. 개라는 하나의 개체가 고통을 느낄 수 있다면, 개라는 생명체는 **그 자체로** 소중한 것으로 보인다. 다시 말해, 그 생명체는 내재적 가치를 소유한 것처럼 보인다.

왜 그럴까? 쾌고감수능력에 대한 동시대의 관심은 합당한가? 나는 그렇다고 생각한다. 이를 설명하기 위해서는 지각 있는 존재와 지각 없는 존재의 차이를 강조할 필요가 있다. 지각 있는 존재는 바위나 책상, 풀잎과는 분명히 다르다. 지각 있는 존재는 타인의 행동으로 인한 영향을 감지할 수 있을 뿐만 아니라 타인이 자기에게 이로운지 해로운지를 알아차릴 수 있다. 이러한 이유로 지각 있는 존재는 지각 없는 존재와 달리 자신의 삶에 목적과 관심을 갖는다. 그렇기에 지각 있는 존재에 대한 우리의 의무는 지각 능력이 없는 사물에 대한 것과는 상당히 다르다. 우리에게 바위, 책상, 풀잎을 파괴하지 않을 타당한 이유가 있을 수 있다. 이런 것들이 누군가에게 중요한 가치를 가질 수도 있고, 악의적으로 파괴하는 행위가 형편없는 인성을 드러낼 수도 있다. 그러나 개, 돼지, 각양각색의 인간 등, 지각 있는 생명체에 대한 우리의 의무는 개체 **그 자체로부터** 나오는 것이다. 지각 있는 존재는 타자가 침범할 수 없는 가치를 가지고 있다.

하지만 이런 맥락에서 쾌고감수능력에 근거하여 내재적 가치를 판단하는 것에는 두가지 문제가 있다. 우선 어떤 실체가 세상과 그 안에서 자신을 경험하는 능력을 지녔는지 여부를 어떻게 확인할 수 있는가? 인간 아기, 고양이, 돼지 등을 보면 비교적 간단해 보이지만, 식물이나 곤충 같이 더 복잡한 경우는 어떤가? 후자는 지각이 있는가? 어느 쪽이든 어떻게 확신할 수 있는가? 안타깝게도, 이 문제에 대한 절대적 확신은 영원히 불가능할 것이다. 그들과 같이 되기 위해 그들의 마음속으로 들어가는 것은 불가능하기 때문에 우리는 절대로 다른 개체가 무엇을 느끼고 있는지 정확히 알 수 없다. 이 난제는 인간이 세상을 경험하는 방식을 알아가는 경우에도 적용된다. 다른 사람 역시 우리와 같은 방식으로 느낀다는 것을 어떻게 확신할 수 있을까? 이러한 문제에도 불구하고, 우리는 생태학·행태학적 증거에 기초하여 다른 사람 역시 자신과 비슷한 방식으로 경험한다고 믿는 경향이 있다. 타인은 우리와 비슷한 물질로 구성되어 있고 비슷한 방식으로 행동하므로 인간 대다수가 우리와 같은 지각을 지녔다고 믿을 만하다. 그렇다면 이 근거가 비인간 개체에게 무엇을 의미하는가?

식물에 관한 한, 식물은 주변 세상을 감지하는 능력을 지녔으며 자극에 반응한다. 그럼에도 식물이 스스로의 존재를 지각하고 고통과 기쁨·등의 감정을 경험할 가능성은 매우 낮다. 식물은 의식적인 경험을 담당하는 중앙집중식 두뇌가 결여되어 있기에 식물에게는 쾌고감수능력이 없다고 주장할 근거가 충분하다. 동물의 경우, 대부분의 학자들 그리고 동물복지법은 복잡한 중추신경계가 있는 척추동물과 그렇지 않은 무척추동물 사이에 유의미한 경계가 있다고 본다. 학자들은 포유류·조류·파충류·양서류·어류 같은 동물의 생리적 구조와 행태를 보면 대부분의 동물들이 의식적인 경험을 할 수 있으며, 그에 반해 곤충·연체동물·갑각류·거미류 등의 동물은 대개 이와 같은 능력이 없다고 강력하게 주장한다. 물론 곤충이 주변 환경을 감지하는 정교한 기관을 지니고 있다는 것은 사실이며, 최근 연구에 따르면 곤충도 복잡한 뇌 기능을 지녔다고 보고되었다. 그러나 여전히 곤충이 세상을 **경험**하는 능력에 대한 증거가 부족하다. 일례로, 곤충의 중추신경계는 척추동물에 비해 매우 단순하다. 게다가 곤충이 다리 절단과 같은 치명상을 입은 직후에도 일상적인 행동을 계속하는 등의 행태적 증거는 곤충에게 쾌고감수능력이 결여되어 있음을 의미한다. 두족류(문어와 오징어) 같은 무척추동물은 그 반대의 경우이다. 두족류의 신경계는 모든 무척추동물 중 가장 고차원으로 발달되어 있으며 문어가 상처 난 몸의 부위를 정돈하고 보호하는 등의 다양한 행동을 쾌고감수능력과 연관지어 생각해볼 수 있다. 이 모든 사실은 누가 지각 능력을 소유했는지 여부를 구별하는 것이 어려우며 쾌고감수능력에 대한 정교한 정의를 내릴 수 없더라도, 축적된 자료를 바탕으로 어떤 생명체가 쾌고감수능력을 지녔는지에 대한 합리적 가정을 도출할 수 있음을 보여준다.

이와 같은 가정을 세울 수 있다 해도 개체의 가치를 쾌고감수능력에 두는 것은 또다른 문제가 있다. 논란의 여지가 많은 방법으로 동물의 도덕적 가치를 훼손한다는 주장이다. 한편으로, 문어·쥐·참새 등을 동등한 도덕적 토대에 놓음으로써 쾌고감수능력 중심의 전제가 인간의 가치를 지나치게 폄하한다는 주장이 제기될 수 있다. 반면에 같은 맥락에서 인간의 자격과 장점을 동물에게 부여하여 동물의 가치를 높이는 것은 터무니없는 일이라고 여길 수도 있다.

따라서 한 개체의 내재적 가치를 인식하는 것이 무엇을 함의하는지 이해하는 것이 중요하다. 앞서 논의되었듯 한 개체가 내재적 가치를 지녔음을 인정하는 것은 그들의 이해관계가 중요하며, 다른 개체의 이익 때문에 침해받지 않아야 함을 인정하는 것과 같은 맥락이다. 이처럼 내재적 가치를 지닌 개체는 전적으로 특정한 대우를 받는다. 그렇다고 내재적 가치를 지닌 모든 생명체가 **동일한** 대우를 받을 권리가 있음을 의미하는 것은 아니다. 한 개체의 이해관계를 유의미하게 존중하기 위해서는 그 개체가 어떤 이해관계를 갖고 있는지 파악하는 것이 중요하다. 예컨대 문어의 내재적 가치를 인정하는 것이 문어에게 종교의 자유를 허가해야 한다는 뜻은 아니다. 한마디로 문어는 자유로운 종교 행위에 아무런 관심이 없다. 이는 우리가 모든 인간의 내재적 가치를 인정하는 한편 서로 다른 인간들이 각기 다른 권리를 부여받는다는 것 역시 인정하는 이유를 설명한다. 어린이는 결혼할 권리가 없고, 남성은 임신으로 인한 의료 혜택을 받을 권리가 없으며, 프랑스 국민은 미국 대통령 선거에 투표할 권리가 없다.

더욱이 내재적 가치를 지닌 개체가 같은 이해관계를 공유할 때조차 동일하게 대우하는 것은 여전히 부적절하다. 이를 '자유' 관념으로 설명해보자. 대다수의 지각 있는 생명체들이 자유에 관심이 있다고 가정하는 것은 그럴듯하지만, 자유의 본질, 힘, 토대 등 그 이해관계의 근간은 종종 매우 상이하다. 인간의 경우, 가부장적 통제의 형태가 아동에게는 적절하지만 성인에게 강요된다면 분명히 불법이다. 또한 가축과 야생동물의 자유에 대한 이해관계는 그 본질과 힘에 있어 완전히 다르다. 가축이 실질적으로 잘 사는 데에 필요한 포획과 통제의 형식이 야생동물에게는 해를 끼치는 경우가 빈번하다.

모든 지각 있는 생명체의 내재적 가치를 인식하는 일이 그들의 가치를 '훼손'하는 문제로 불거지는 것은 잘못이다. 사실상 지각 있는 개체의 이익에 적정 관심을 표하려면 그들이 각기 다른 이해관계를 지녔음을 인정하는 동시에, 수위는 다르지만 유사한 이해관계 역시 지녔음을 인정해야 한다. 이처럼 각 개체들의 내재적 가치에 적절한 존중을 보인다는 것은 그들이 종종 매우 다르다는 것을 인정하는 일에 다름 아니다.

비인간동물들이 지각이 있고 내재적 가치를 지녔다고 믿는 데는 그만한 이유가 있다. 이는 비인간동물이 그 존재만으로도 전적인 보호를 받을 가치가 있음을 의미한다. 인간에게 이득이 될 경우에만 동물을 보호하는 것은 충분하지 못하다. 동물을 보호하는 이유가 동물을 재산으로서 소유하거나 동물이 공공장소에서 난동을 피우지 않도록 하는 등 인간에게 이익을 제공한다는 것뿐이어서는 안 된다. 오히려 정치 공동체들은 동물이 그 존재만으로도 중요하기 때문에 동물의 이해관계를 존중해야 한다. 내 생각에 이 주장의 함의는 지각 있는 동물들은 그들의 **내재적 가치를 존중받을 권리**를 지닌다는 데 있다(Regan 2004[1983] 참조). 다시 말해, 동물이 단지 도구적 관점에서 평가될 경우 부당하게 대우받는다. 더욱이 나는 이 자격이 동물의 **기본 권리**임을 주장하고 싶다. 한 지역 공동체가 동물의 이익을 동물의 존재를 중요시하는 만큼 존중하지 않는다면, 동물이 받아야 할 것들을 제공할 수 없다. 동물의 내재적 가치를 인식하는 것은 동물과의 관계에 있어 필수 전제 조건이다. 따라서 나는 책 전반에 걸쳐 이 권리의 이행을 동물과의 정치적 관계를 판단하는 수단으로 활용하고자 한다. 우선 동물복지법이 동물의 내재적 가치를 존중하는 방식으로 권리를 보호하는지 문제를 제기할 필요가 있다.

동물복지법과 동물의 내재적 가치

동물복지법은 마치 동물이 내재적 가치를 지녔다고 인정하는 듯하다. 첫째로 이 법은 특정 동물에게 위해를 가하는 특정 행위를 금지한다. 이는 동물에게 가해지는 상해 행위에 초점을 맞춘 것으로 보인다. 영국 최초의 동물복지법은 골웨이 지역 하원의원 리처드 마틴이 추진해 일명 1822년 마틴 법Martin's Act of 1822으로 불린다. 이 법은 악의적이고 잔혹하게 '말, 암말, 거세한 말, 노새, 당나귀, 황소, 젖소, 어린 암소, 거세한 수소, 양, 기타 소를 때리고 학대하거나 혹사시켰을 경우'(Kean 1998: 34면)를 벌금 부과와 구금이 가능한 범죄로 규정했다. 영국은 1822년부터 줄곧 개인이 동물을 취급하는 방식을 제한하는 데 중점을 둔 관련 법률이 존재해왔다. 마틴 법이 중요한 이유는 영국의 후속 동물학대방지법의 기틀을 마련했기 때문이다. 영국은 점진적으로 동물학대 행위를 법으로 금지하는 한편, 보호 대상 동물의 범위도 점차 확대시켰다. 더불어 이 법과 후속 법률은 전세계의 유사 법령 제정에 영향을 미쳤다.

분명히 이들 법률의 근거는 지각 있는 동물의 가치에 있는 듯하다. 예를 들어 유럽연합의 기능에 관한 조약Treaty on the Functioning of the European Union, TFEU 제13조에 따르면, 동물은 지각 있는 존재이므로 유럽연합과 회원국은 유럽연합 정책 입안과 구축 시 동물복지 요건에 전적으로 유의해야 한다. 또한 전세계 많은 동물복지법에는 이와 유사한 내용이 포함되어 있다. 영국 하원이 유럽연합 탈퇴 법안을 통과시키는 과정에서 이 조항을 포함하지 않기로 결정하자 여론이 격앙되어 영국 정부는 유럽연합 탈퇴 이후에도 동물의 쾌고 감수능력을 지속적으로 인정할 것임을 확인하는 각료 성명을 별도로 낼 수밖에 없었다(Mason 2017). 동물복지법이 없을 때보다 있을 때 훨씬 더 많은 보호를 제공한다는 것은 분명하다. 더 나아가 이 법은 동물을 위해 인간의 행동을 제한함으로써 지각 있는 동물 본연의 가치를 인정함을 반증한다.

그러나 동물복지법이 진정 유의미한 진일보를 이루었는가? 일부 사상가와 활동가들은 그렇지 않다고 주장한다. 그들의 주장에 따르면, 동물복지법 도입이 동물을 인간의 이익 관점에서만 인정하는 기존 체제를 뒤집는 것이 아니라 오히려 그대로 유지한다.

이해를 돕기 위해 축산업에 동원되는 수십억 동물의 삶을 생각해보자. 이들 동물 중 상당수가 실제로 동물복지법의 보호 아래 있다. 이 법률은 '잔혹'하고 '불필요한' 행위가 수반되는 특정 행위를 금지한다. 또한 대개 동물복지법은 동물이 도축되기 전에 무의식 상태에서 '인도적으로' 죽이도록 요구한다.

그러나 현실에서 이 보호 조치의 역할은 굉장히 미미하다. 동물복지법하에 있는 대부분의 관할 구역에 존재하는 '농업 면책'이 대표적인 예이다. 이 면책으로 동물을 보호하는 일반법에서 농장 동물은 제외되기 때문에 보호 조치가 거의 없거나 전혀 없다고 봐도 무방하다. 관련 면책 조항의 이면에는 간단하게 알아차릴 만한 근거가 있다. 바로 인간의 상업적 이익에 맞추기 위해 동물 처우를 규정하는 법률에 규제를 받지 않는 것이다. 이 사례를 보면 동물복지법이 지각 있는 동물 본래의 이해관계를 존중한다고 말하기 어렵다.

그뿐만 아니라 국가에 가축 관련 복지법이 존재한다 해도 해당 법이 동물의 이익을 최우선으로 고려했다고 할 수 없다. 이러한 법은 대개 '불필요한' 고통으로부터 농업 동물을 보호하지만 필요와 불필요의 기준이 통상 인간의 이익에 따라 결정된다. 일례로 수컷 송아지 도축은 경제적 편의라는 현실 아래 낙농업의 '필수' 요건으로 간주된다. 동물복지법은 농장 동물의 '인도적' 죽음을 요구하고 있으며, 주로 도축되기 전 반드시 무의식 상태여야 한다고 규정한다. 많은 이들이 당연히 의문을 제기하겠지만, 이러한 죽음이 '인도적인' 것으로 설명될 수 있다손 치더라도 여전히 식용으로 공급되는 모든 동물들에게 적용되는 것은 아니다. 이 보호 조치는 절대 어류까지 확대되지 않는다. 어류로 확대된다면 수산업이 즉시 망할 것이라는 단순한 이유 때문이다.

이 모든 사안들을 놓고 볼 때, 현재의 동물복지법 제도는 사실상 동물의 내재적 가치를 존중하지 않는다. 오히려 이 법은 동물이 인간에게 이득이 되는 조건에서만 동물의 이해관계를 중요시한다는 전통 관점을 고수하는 것 같다. 인간의 이익이 아무리 사소하더라도 근본적으로 동물복지법이 인간의 이익을 뛰어넘을 수 없다는 사실은 자명하다. 오히려 동물복지법은 인간의 변덕과 선호에 맞게 왜곡되고 조정된다.

현대 동물복지법이 제공하는 일관성 없고 허술한 보호는 당연히 비난해야겠지만, 이러한 한계들이 동물복지법이 지각 있는 동물의 내재적 가치를 인정하는 데 반드시 실패한다는 것을 의미하지 않는다. 오히려 충분한 정치적 의지만 있다면, 인간의 이익과 대치되는 상황에서도 보호되어야 할 권리를 동물들에게 부여하는 것까지를 포함하는 강력한 동물복지법이 시행될 수 있다고 믿을 만한 근거도 존재한다.

한 예로 유럽연합 전역에 통용되는 일명 '송아지 상자'veal crates 금지를 생각해보자. 2007년부터 유럽연합 회원국 농부들은 밀폐 상자에서 송아지를 키우는 것이 법으로 금지되었다. 이 전통 방식은 송아지의 자유로운 이동과 운동을 막았지만 육질은 최대한 부드러워지게 했다. 틀림없이 이 밀폐 상자 생산 시스템이 야기한 고통을 막는 것이 금지의 목적이었을 것이다. 사실상 동물보호 단체의 강력한 로비 활동으로 얻은 결과이기도 하다. 무엇보다 이 금지 조치는 송아지들이 고통받지 않을 수 있는 이익 그 자체가 중요하다는 전제에 초점을 둔 것으로 보인다. 하지만 결국 이 금지가 인간의 상업적 이익과 요식업의 이익에 대치되는 상황에 이르렀고, 송아지 고기 생산 시스템에 종사하는 농부들의 극렬한 반대에 부딪히게 되었다. 따라서 이 금지는 동물이 그 자체로 중요한 만큼 동물의 이익을 분명히 존중하고 있음을 드러낸다. 이 금지가 고통받지 않기를 원하는 송아지들의 이익을 보호하고, 송아지 주인들에게 그 상자를 사용하지 않도록 법적 의무를 부과해 그 안에 갇히지 않을 권리를 송아지에게 부여했다고 볼 수 있다.

물론 모든 사안을 고려해볼 때 이러한 자격은 여전히 허술하다고 지적될 것이다. 농부들은 밀폐 상자를 사용할 수 없지만, 인간의 소비를 위해 여전히 송아지를 키우고 죽일 수 있다. 우리가 동물의 이익을 진지하게 생각한다면 동물이 그저 고통받지 않도록 보호하는 것이 아니라 동물의 지속적인 삶에 대한 이익도 보호해야 할 것이다.

이 관점은 확실히 유용하다. 결국 지각 있는 동물이 고통을 피하려는 관심뿐만 아니라 미래의 즐거운 경험이 망라된 기쁨을 경험하는 데도 관심이 있다는 것을 강력하게 뒷받침한다. 많은 사람들이 인간의 지속적인 삶에 관심을 갖는 이유이다. 죽음은 미래의 가치 있는 경험을 즐길 수 있는 기회를 전부 차단시킨다는 점에서 심각한 해를 끼친다(DeGrazia 2002: 59~64면). 혹자는 지각 있는 동물이 죽음이란 개념을 알지 못하기 때문에 해를 입을 것이란 사실을 알 수 없다고 주장할 수도 있다. 혹은 지각 있는 동물이 먼 미래를 상상하는 능력이 없기 때문에 지속적인 삶에 관심을 갖지 못한다고 반박하는 경우도 있다. 그러나 이런 추론은 상당히 애매모호하다. 모든 비인간동물에게 이런 능력이 없다는 주장은 분명히 사실이 아니다. 예를 들어, 고래류와 영장류에게는 아주 뛰어난 인지 능력이 있다. 한편 모든 인간이 무조건 이 능력을 소유했는지 여부도 의심스럽다. 이런 반대 의견을 지지하는 사람들은 죽음에 대한 개념과 미래의 잠재적 모습을 투영할 능력이 부족한 인간 유아에게 해당 논리를 적용하지는 않을 것이다. 따라서 **모든** 지각 있는 존재는 미래의 긍정적 경험이 자신에게 이익이 되기 때문에 계속해서 살아가는 데 관심을 둔다는 주장이 훨씬 더 설득력이 있다. 이러한 관점은 즐거운 경험이 좋고, 그런 경험이 더 많을수록 삶이 더 좋아진다는 단순한 이유로 좋은 것이다. 죽음은 이 모든 즐거움의 기회를 빼앗아간다.

그렇다면 동물복지법이 지속적인 삶을 위한 동물의 이익을 충족시키지 못하기 때문에 유명무실하다고 해야 할까? 꼭 그렇지만은 않다. 이런 이해관계를 존중하는 방향으로 새롭고 훨씬 강력한 동물복지법이 제정될 수 있다(Wills 2018). 정치적 의지는 차치하고라도 유럽연합이 고래 도살이나 바다표범 모피 무역을 금지하는 것과 같이, 송아지 고기 생산을 전면적으로 금지하지 못할 이유가 무엇인가. 원칙적으로 보면 동물복지법이 근본적으로 보다 강력하지 못할 이유는 없는 듯하다. 정말로 충분한 의지만 있다면 법은 갖가지 상황에서 동물을 죽이는 인간의 행위를 제한할 수 있다.

결론

이 장에서는 정치 공동체가 동물복지법이 결여된 경우와 동물복지법이 제정된 두 경우에서 동물을 보호하는 방법을 탐구했다. 동물복지법이 없는 국가는 동물을 간접적으로만 보호한다. 즉 동물보호는 인간에게 이득이 되는 만큼만 이루어진다. 이것은 인간만이 내재적 가치를 소유한다는 서양의 도덕적·정치적 사고에서 비롯된 전통적 견해를 반영한다.

그러나 이 전통적 견해는 지나치게 문제가 많다. 예를 들어, 이웃 개에게 황산을 뿌린 남성의 행동이 잘못된 것은 단지 이웃에게 야기한 고통 때문이 아니라, 개에게 끔찍한 상해를 가했기 때문이다. 이는 모든 지각 있는 생명체는 고통과 기쁨을 경험할 수 있는 존재로서 그들 고유의 가치, 즉 내재적 가치를 지닌다는 것에 근거를 둔다. 따라서 동물의 내재적 가치를 존중한다는 기본 권리를 옹호하는 정치 공동체를 구축할 필요가 있다. 이 장에서는 동물과 인간이 정치적 관계를 구성하는 다양한 방법들을 동물의 권리를 어떻게 보호할 수 있는지에 따라 판단해야 한다고 주장했다.

지각 있는 동물의 가치를 인정하려면 동물 그 자체를 위해 동물에게 위해를 가하는 특정 행위를 법으로 금지해야 한다. 의심할 여지 없이 동물복지법이 그렇게 하고 있다. 다만 현재의 동물복지법이 동물의 내재적 가치를 전적으로 보호하기에는 역부족임을 보았다. 동물보호는 너무나 빈번히 인간의 이익에 부합할 경우에만 이행되므로 모든 유형의 해로운 관행을 허가한다. 이러한 법은 동물이 그 자체로 중요한 것처럼 대우하지 못한다. 이 장에서 이러한 문제들이 동물복지법에 포함되지 않을 수 있음을 시사하면서 마무리했다. 동물복지법은 동물의 이익을 직접적으로 보호하며, 심지어 그 보호가 인간의 이익에 반할 경우에도 마찬가지다. 이에 비추어 볼 때, 충분한 의지가 있다면 동물복지법이 지각 있는 동물들을 위한 알맞은 보호를 제공할 수 있다고 제안하는 것은 타당하다. 동물들에게 중요한 보호권을 부여할 수도 있다.

그렇다면 그다음으로 동물복지법이 알맞게 개혁되고 확대된다는 전제하에 동물복지법이 동물의 내재적 가치를 존중하는 동물 기본권을 지지한다고 할 수 있을까? 다음 장에서는 현실적으로 그렇지 않다고 주장할 것이다. 동물복지법이 근본적으로 개혁되고 강화되더라도 동물이 마땅히 받아야 할 것들을 보장할 수 없다. 왜냐하면 동물복지법은 일반 법제로서 대부분의 국가에서 헌법이 보장하는 법률·조항·권리보다 낮은 위계에 있기 때문이다. 간단히 말해, 곧 보게 되겠지만, 아무리 동물복지법을 강화해도 동물은 여전히 쉽게 유린당할 수 있다.

3장

헌법
조항

1990년 독일의 도시 카셀에서 한 예술가를 상대로 순회재판이 열렸다. 이 예술가는 독일 연방 동물복지법 *Tierschutzgesetz*에 근거해 동물학대죄로 기소되었다. 그는 현대 사회에서 벌어지는 특정 인간에 대한 학대를 표현하기 위해 계란 노른자와 간 소시지를 사용해 만든 접착 물질로 새를 묶어놓았다. 날 수 없게 된 새는 극심한 스트레스를 받았고 전시장 주변을 깡충깡충 뛰어다녔다. 법원은 이런 행위들로 인해 동물이 상당한 고통을 받았음은 인정했지만 해당 예술가의 전시는 허용 가능하다고 판결했다. 예술 표현의 자유를 보장하는 독일 헌법 5조에 따라 그의 행위는 명백하게 보장되어야 한다는 이유에서였다(Nattrass 2004: 293~94면).

이것은 당시 독일의 동물복지법과 헌법 조항 사이의 충돌만을 의미하지 않는다. 1994년 베를린의 한 연구자는 원숭이 실험 허가를 거부당하자 소송을 제기했다. 그는 갓 태어난 원숭이들의 눈을 꿰맨 뒤, 1년 경과 후 6개월 동안 영장류 의자primate chair*에 해당 원숭이들을 묶어서 시각 활동을 시킨다는 연구 계획을 제출했다. 법원은 이 연구를 허가하지 않은 것이 그의 헌법적 권리인 연구 자유권을 침해했다고 판결했고, 실험윤리는 연구자의 재량으로 남겨졌다. 또 다른 사례는 이슬람 도축업자의 이야기다. 1994년 이슬람 도축업자의 도살의식 허가가 거부되었다. 대부분의 동물복지법과 마찬가지로, 독일 연방 동물복지법 역시 반드시 전기 충격과 같은 방법을 사용해 무의식 상태에서 도축을 시행해야 한다고 명시하고 있다. 유대교의 코셔 도축의식kosher ritual slaughter**은 이 법의 예외로서, 이 면제는 독일 역사에서 놀랄 일이 아니다. 그러나 법원은 코셔 도축의식과 유사한 의

---

* 동물실험을 위해 영장류의 상체를 고정시켜 일정 시간 동안 움직이지 못하도록 고안된 의자.
** 유대교의 종교적 도축의식으로 포유류 및 가금류가 건강한 상태에서 도축이 이뤄지는 것을 원칙으로 한다. 의식이 있는 동물의 목을 베는 방식으로 도축이 이뤄지기 때문에 코셔 도축의식과 관련된 논쟁이 확산되고 있다.

식인 이슬람 도축업자의 할랄 도축을 예외로 인정하지 않음으로써 이슬람교도들의 권리를 부인했다. 이후 2002년 항소심에서 대법원은 종교 행위는 헌법상 보호되는 권리임을 주장한 도축업자의 손을 들어주었다. 덧붙여 이 무슬림 도축업자가 도축을 금지당함으로써 종교의식을 수행하지 못해 그의 직업수행 권리가 침해되었다고도 판단했다. 이 판결은 대중의 격렬한 항의를 불러일으켰다(Nattrass 2004: 301면).

이 논란의 연장 선상에서 동물보호 활동가들과 정치인 연합은 독일 헌법이 규정하는 권리와 동등하게 동물보호 조항을 수정하도록 요구했다. 그리고 2002년 5월, 마침내 성공했다. 독일 헌법 20a 조항에는 단어 세개, "and the animals"(그리고 동물들)가 다음과 같이 단순하게 추가되었다. "국가는 현재와 미래 세대에 대한 책임을 인식하고 입법부와 사법부의 법과 원칙에 따라 헌법 질서의 틀 안에서 생명 그리고 동물들life and the animals의 천연자원을 보호하여야 한다." 이 수정안을 통해 동물보호가 국가의 기본 목표로 보장되었고, 따라서 동물보호는 인간의 자유 및 권리와 같은 방식으로 고려되어야 한다(Nattrass 2004: 277면).

이번 장에서는 독일이 이와 같이 헌법으로 동물을 보호하는 것과 관련 조항들이 동물의 내재적 가치를 보호하는 데 충분한지 살펴보고자 한다. 첫번째로 헌법 조항을 제도화함으로써 동물복지법을 강화할 수 있는 경우를 모색하고, 두번째로 이 규정들의 한계점을 짚어본 뒤 이를 극복할 방법을 다룰 것이다.

헌법적 보호 관련 사례

먼저 모든 동물복지법이 그렇듯 독일의 동물복지법이 동물보호를 충분히 달성하지 못하는 두가지 이유에 대해 논의하고자 한다. 첫째, 동물복지법은 쉽게 무시될 수 있다. 둘째 동물복지법은 쉽게 무력화되어 폐지될 수 있다.

헌법적 보호는 법 조항의 위계 때문에 동물복지법에 전적으로 의존하는 것보다 훨씬 더 강력한 동물보호를 제공한다. 동물복지법은 일반 법제에 속하므로 상위법에 의해 쉽게 무시될 수 있다. 결정적으로 대부분의 사법권은 헌법이 보호하는 조항·지침·권리에 우선권을 부여한다. 그러한 조항들은 보통 '견고히 확립'되어 일반적인 법에 비해 '초정치적'인 지위를 갖는다. 이는 헌법 조항이 보통의 법안과 충돌할 경우, 헌법이 언제나 완승한다는 것을 의미한다. 앞서 논한 독일의 논쟁들은 많은 것을 보여준다. 각각의 사건은 동물학대방지법 위반 행위들로 동물이 고통과 극심한 스트레스에 쉽게 노출되는 현실을 보여주는 동시에, 극심한 스트레스를 가하는 인간의 행위는 헌법의 보호를 받는다는 것또한 알려준다. 이것이 시사하는 바는 매우 강력한 동물복지법이 시행되더라도 관련 보호 조치가 인간의 프라이버시권rights to privacy, 종교의 자유, 소유권, 예술 표현의 자유 등과같은 헌법에 규정된 권리와 충돌할 경우 쉽게 무시되는 경우가 다반사라는 것이다.

　하지만 동물복지법에 전적으로 의존할 경우와 비교할 때헌법적 보호가 보다 강력한 보호를 제공할 수 있는 두번째이유가 있다. 동물복지법에만 의존하기보다 헌법적 보호가뒷받침된다면 동물보호가 쉽사리 무력화되기 어렵다. 우리가 보아온 것처럼, 동물복지법은 일반 법률의 일부이다. 헌법이 규정하는 인간의 자유와 권리는 쉽게 우선시되며 그래서 동물복지법이 쉽게 수정되기도 한다. 동물복지법은 분명강화될 수 있으며, 많은 사법 관할 구역에서 그 증거가 확인

되었다. 그러나 다른 한편으로 보면, 입법기관의 수용 여부에 따라 동물복지법이 약화 또는 폐지될 수 있음을 의미하기도 한다. 이러한 유연성 때문에 표면상 강력한 동물복지법 제도하에서도 동물은 매우 불리한 위치에 처하게 된다.

논지를 분명히 하기 위해 한 국가가 어떻게 해서든 앞 장 말미에서 논의한 '이상적'인 동물복지법을 제정했다고 상상해보자. 이 법은 너무나 빈번하게 인간의 이익에 의해 제약받고 왜곡되어왔던 기존의 법과는 다르며, 오히려 이 법이 동물을 그 자체로 보호한다고 가정해보자. 거기에 더해 지속적인 삶이란 맥락에서 지각 있는 동물이 갖는 이해관계를 인정하고 보호하는 것까지 상상해보라. 이런 시나리오에서라면 관련 규제를 반대하고 약화시키려는 압력이 굉장히 강해질 것이다. 그 압력은 규제가 발효되는 순간부터 감지될 듯하다. 일례로 농업, 제약 산업, 스포츠와 엔터테인먼트 등의 업종은 동물을 착취하여 큰 이득을 얻는다. 이는 국회의원들이 상업적 이익에 반하는 법안을 저지하고자 끊임없는 로비 활동을 하게 될 것임을 의미한다. 또한 이러한 보호 조치가 국내에만 제정되어 있다면 해당 국가에 속한 기업들은 해외 라이벌 업체들에 비해 불리한 경쟁을 하게 되기 때문에 그들의 반대 노력은 더욱 강력해질 것이다. 더군다나 상업적 이익만 위태로운 것이 아니다. 이렇게 강력한 법을 제정할 만큼 문화적 태도가 크게 변했다 하더라도, 육류 애호가, 종교 단체, 스포츠 애호가, 고용 단체, 다수의 국회의원들은 여전히 관련 규제를 느슨하게 하거나 폐지하도록 압력을 가할 것이다.

동물을 헌법적으로 보호하는 것은 동물보호를 국가의 공식 목표로 삼았다는 것을 의미하며, 따라서 동물복지법을 약화시키고 폐지하는 일이 훨씬 까다로워진다. 대부분의 사법 당국이 헌법 개정에 상당히 높은 장애물을 두기 때문이다. 헌법을 개정하기 위해서는 '절대 다수'의 의석 또는 국민 투표가 필요하다.

이러한 관점에서, 인간이 지각 있는 동물을 존재 그 자체의 가치로 대우하며 동물에게 강력한 보호를 제공하고자 한다면 동물의 헌법적 보호를 반드시 인정해야 한다. 동물복지 조항에만 의존하면 동물보호는 부차적인 것이 되며, 동물의 이익은 인간의 변덕과 선호 앞에 쉽사리 침해당할 수밖에 없게 된다. 동물이 내재적 가치로 존중받을 권리가 있다면 인류가 누리는 다양한 권리와 자유에 대등한 위계로 법적 보호를 받아야 한다.

중요한 것은 이 사실을 인정하고 헌법의 테두리에서 동물 보호를 확립한 나라가 독일만이 아니라는 점이다. 오스트리아, 브라질, 이집트, 독일, 인도, 룩셈부르크, 슬로베니아, 스위스 모두 동물의 복지를 고려하는 것이 국가와 시민의 의무임을 헌법 조항에 명시하고 있다. 나아가 유럽연합의 기능에 관한 조약TFEU의 동물보호 규정은 앞서 언급한 대로 헌법 조항과 매우 흡사하다(Eisen and Stilt 2016: 3면). 이들 규정의 영향력과 중요성은 수많은 사례에서 증명되었다. 예를 들어, 인도의 헌법은 모든 인도 시민은 '살아 있는 존재에 대한 연민'을 가져야 할 의무가 있음을 명시하고 있다. 인도 대법원이 잘리카투jallikattu●라는 문화적 관습, 그리고 황소를 때리고 고통을 주거나 죽이는 행위가 포함된 행사인 황소 카트레이스bullock-cart races가 동물 잔혹행위 금지법을 위반한다고 판결한 사례는 이러한 조항이 중요함을 반증한다. 인도 법원은 판결을 내리면서 이 법안이 반드시 헌법적 명

● 기원전부터 전해 내려오는 인도식 전통 투우. 황소가 제압되는 과정에서 다양한 도구에 찔리고 맞는 가혹 행위가 이뤄지기 때문에 2014년 5월 인도 대법원은 잘리카투를 금지했다. 그러나 2017년 잘리카투 금지에 항의하는 대규모 시위가 벌어졌고 인도 의회는 동물학대방지법에서 잘리카투를 예외로 하는 법안을 통과시켰다.

령에 따라 적용되어야 한다고 강조했다. 다시 말해, 헌법 조항이 동물복지법에 더욱 힘을 실어준 셈이다(2016: 3~4면).

비슷한 사례로 브라질 헌법은 '동물과 식물을 보호하는 것은 정부의 책임이며, 법에 규정된 바와 같이, 그들의 생태적 기능을 위태롭게 하고 멸종을 초래하는 모든 행위를 금지한다'라고 선언했다. 이러한 명령에 비추어 연방대법원은 산타카타리나주에서 황소들을 쫓아다니며 채찍질하고 죽도록 때리는 파라 도 보이Farra do Boi 문화 페스티벌을 금지했다. 이 판결이 중요한 이유는 사실 '민족문화 자원에 대한 문화적 권리와 접근'을 보장하는 헌법 경쟁 조항에 동물보호가 맞불을 지폈기 때문이다. 법원은 파라 도 보이 페스티벌을 불법이라 규정함으로써 문화적 권리가 동물학대 조항에 의거하여 제한될 수 있다고 판결했다(Eisen and Stilt 2016: 8면).

단도직입적으로 말하면, 동물복지의 헌법상 지위는 지각 있는 동물에 대한 보호보다 훨씬 강력하다. 헌법에 동물보호 조항이 없다면 동물복지법은 약화 내지 폐지의 대상이 될 뿐 아니라 헌법적 지위를 가진 법과 권리에 뒷전으로 밀리는 대상으로 전락할 수밖에 없게 된다. 헌법 조항에 따른 보호의 강력함은 다음의 사례에서 확인할 수 있는데, 2002

년 독일 헌법 조항이 수정된 이후, 독일 법원은 예술 표현의 자유라는 미명 아래 동물을 죽이거나 상당한 위해를 가하는 것은 합리적 이유가 될 수 없다고 판결하고 있다.

헌법적 보호의 한계점

하지만 헌법적 보호를 만병통치약으로 여겨서는 안 될 것이다. 우리의 목표가 동물의 내재적 가치를 온전히 존중하는 것이라면 헌법 조항만으로는 충분하지 않다. 사실 헌법적 보호가 동물복지법보다 반드시 더 강력할 것이라 단정할 수 없다. 이집트의 경우, 동물을 위한 헌법 조항이 있지만 실리적인 현실이 반영된 동물보호의 관점에서 보면 이집트의 동물복지법은 매우 빈약한 규정만을 담고 있다. 반면 칠레와 네덜란드는 사실상의 합법적인 동물보호 조항이 있지만 헌법에 명시된 동물보호 규정은 없다(Eisen and Stilt 2016: 3면). 그러나 헌법이 규정하는 보호와 상당히 강력한 동물복지법이 병행된다 할지라도 여전히 동물만을 위한 보호가 실행될 것이라 장담할 수 없다. 실제로 독일의 상황은 두가지 문제점을 반증한다.

우선, 독일에서는 헌법 조항이 재판의 영역 밖에 있다. 이는 어떤 개인이나 단체도 헌법적 국가 목표를 직접 집행하기 위한 소송을 제기할 자격이 없음을 의미한다. 그 결과, 법적 이의 제기는 '과도한' 동물보호가 있는 경우에만 받아들여졌다. 즉 동물 소유주가 동물복지법에 따른 과세 부과에 과도한 부담을 느끼고 있다고 주장할 경우에만 관련 조항이 재판에 회부되었다. 이러한 경우 정부는 소유주의 행동을 방어하기 위해 관련 조항을 활용한다(Eisen 2017: 938면).

물론 이 문제는 오히려 쉽게 해결 가능하다고 주장할 수도 있다. 단순하게 지정된 공무원이나 동물보호 단체에 지위를 부여할 수 있다. 실제로 독일은 생태적 관점에서 관련 조항을 집행할 수 있는 환경 단체에게 그 지위를 허가했다(Nattrass 2004: 304면). 브라질 헌법은 특정 공적 행위자가 헌법상 동물보호 조항을 위배했다고 여겨지는 법안을 연방대법원이 재검토하도록 요청하는 것을 허용하고 있다. 브라질 연방대법원은 동물복지 단체들이 헌법상의 동물보호를 시행하기 위해 공공 민사소송을 제기할 수 있다고 판결했다. 앞서 언급한 파라 도 보이 페스티벌 금지가 이와 연계된 조치였다(Eisen 2017: 938면). 그러므로 독일이 헌법 조항을 뒷받침할 개인이나 단체에 지위를 부여했다는 현실이 헌법적 보호의 본질적인 문제를 해결한 것은 아니다.

두번째 사안은 극도로 어려운 문제가 아닐 수 없다. '인간의 이익과 대등하게' 동물의 이익을 인정하는 독일 헌법 수정안의 취지는 미심쩍은 부분이 있다(Nattrass 2004: 303면). 예술적 표현과 맞붙었을 때와 같은 특정 상황에서 동물의 이익을 인정받은 사실은 의심의 여지 없이 중요한 변화다. 그럼에도 불구하고 더 강력하지 않더라도 보다 유력한 인간의 이해와 대치될 때면 어김없이 동물의 이익은 뒷전으로 밀려왔다.

예를 들어, 동물의 헌법적 보호는 독일의 산업화된 축산의 종말을 예고하지 못했다. 심지어 너무나 터무니없는 특정 관행을 불법화하지 않았다. 현대화된 달걀 생산 시스템하에서 수탉은 분쇄되거나 가스로 죽었다. 독일의 동물보호법은 분명 '합리적인 이유' 없이 동물에게 고통 및 죽음을 야기하는 행위를 금지하고 있다. 하지만 많은 수의 수평아리들이 필수 과정이라기보다는 순전히 경제적 편의에 의해 죽는다. 실제로 비생산적인 동물을 없애는 것이 자원을 아끼는 동시에 수익을 증대시킨다는 논리다. 그러나 노스라인-웨스트팔리아주 당국이 이러한 관행을 금지하기 시작하자 뮌스터 고등행정법원은 건전한 경제적 이유가 있을 경우에 한해 동물복지법으로 도축을 허가한다고 판결했다(DW.com 2016). 심지어 2019년 연방행정법원은 달걀로 효과적인 성별 검사가 도입되기 전까지 도축은 합법이라고 판결했다(BBC News 2019). 헌법에 규정된 동물복지법이 적법할지라도 동물의 이익이 여전히 손쉽게 인간의 경제적 이익에 종속된 대상으로 여겨지고 있음을 판결을 통해 알 수 있다.

이러한 문제는 동물보호 관련 헌법 조항이 마련된 모든 나라에서 자명하게 되풀이된다. 헌법 조항의 대부분이 동물의 이해관계를 동물복지법하에서만 제공되었던 지위보다 더 높은 위계로 인정하고 있지만 어느 누구도 동물 그 자체의 가치로서 그들의 이해관계를 존중해야 한다고 주장할 수 없다. 동물의 내재적 가치를 존중할 권리를 지지하지 않는 것이다. 한 국가의 헌법에 동물의 이해관계를 보호하는 것이 국가의 지향점이며, 혹은 모든 국민은 지각 있는 동물에 대해 온정적으로 행동해야 한다고 명시하고 있을지라도, 결국 어떤 국가도 동물의 **기본권**, 즉 인간과 동일 선상에서 동등하게 대우받을 권리를 부여하지 않았다. 인간에게 값싼 달걀을 제공하기 위해 수평아리들을 분쇄해서 죽이는 것을 금지하는 시도조차 그 어떤 나라에서도 하지 않았던 것이다! 헌법 조항은 동물을 그 존재만의 가치로 일관되게 대우하려는 가능성 또는 의지를 보장해주지 않았다. 그들은 지각 있는 동물의 내재적 가치를 존중하는 대목에서 실패해왔던 것이다.

결론

이 장에서는 정치 공동체가 헌법 조항을 통해 동물을 어떻게 보호하는지에 대해 살펴보았다. 대부분의 사례에서 헌법의 관련 조항들은 동물복지법만으로 해결하는 것보다 훨씬 더 강력한 동물보호를 제공하는 것 같다. 동물복지법은 쉽게 폐지되고 간과되기도 하지만, 동시에 일반 법률이 헌법에 명기된 법과 권리에 의해 손쉽게 기각되기 일쑤이기 때문이다. 예를 들어, 2002년 독일의 헌법 개정 이전에는 때때로 예술 표현의 자유라는 미명 아래 동물을 해치는 일이 자행되었지만 개정안 시행 이후로 금지되었다.

하지만 헌법 조항이 동물 그 자체의 중요성을 인식하고 지각 있는 동물로 대우하는 것에 있어서는 여전히 부족함을 이 장에서 짚어보았다. 고통으로부터 자유롭고 지속적인 삶을 향유하기 위한 동물의 중요한 이익은 변함없이 인간의 사소한 이익, 그러나 정치적으로는 강력한, 상업적 이익과 요식업의 이익에 의해 밀려나고 만다. 동물을 존중하거나 연민을 내포한 헌법 조항이 존재하는 어떤 국가도 산업화된 축산업이 수반하는 잔혹성에 마침표를 찍지 못했다.

그 이유는 헌법 조항이 명시한 보호가 인간과 동물에게 적용되는 방식이 매우 극명하게 다르기 때문이다. 아주 단순한 논리로 동물은 인간과 대등한 위치에서 확립된 기본권을 부여받은 적이 없다. 오히려 동물은 종속적인 법적 지위를 갖는다. 인간과 동물의 이익이 결정적 순간에 상충될 경우, 심지어 동물의 이익이 분명히 더 비중 있게 다뤄져야 할 때조차도 동물은 늘 양보를 강요받는다. 다음 장에서는 동물의 '인격성'을 인정함으로써 동물에게 인간과 대등한 법적 지위를 부여하는 것으로 문제를 해결할 수 있을지 살펴보고자 한다. 지각 있는 동물에게 법적 인격성을 부여하는

것이 그들의 내재적 가치를 존중하는 정치 공동체로 가는

길이 될 것인가?

4장
법적 인격성

2016년 아르헨티나 멘도사의 3차 보증법원은 주목할 만한 판결을 내렸다. 아르헨티나의 동물권 전문 변호사 협회 Association of Professional Lawyers for Animal Rights, AFADA는 멘도사 동물원에 갇힌 침팬지 세실리아를 대리해 인신보호영장*을 신청했다. 인신보호영장은 법원에서 구금 혹은 감금을 검토할 수 있는 오랜 권한이다. 세실리아는 동료 침팬지 두 마리가 죽은 뒤 작고 열악한 우리에 갇혀 수년을 혼자 보낸 상황이었다. AFADA는 영장을 신청하며 세실리아를 감금하는 것이 불법이라 주장했고, 세실리아가 동물원에서 벗어나 브

---

* 영미법 전통에서 피의자가 적법한 이유 없이 구금되는 것을 막기 위한 제도. 인신보호영장을 청구하면 법원에서 구속 적법 여부를 심사하고, 절차상 하자가 있는 경우 석방명령을 받을 수 있다.

라질의 다른 침팬지 보호구역에서 여생을 보낼 수 있도록 해달라고 요청했다. 마리아 알레한드라 마우리시오 판사는 인신보호영장이 유효하다고 보고 청원을 승인했다. 세실리아는 콘크리트 우리에서 나와 영장류 프로젝트가 운영하는 보호구역으로 옮겨졌고, 이제 광활한 초원에서 다른 침팬지들과 함께 생활하고 있다.

이 판결은 엄청나게 중요했다. 세실리아의 삶과 미래를 개선했을 뿐만 아니라 중대한 법적·정치적 영향을 미쳤다. 첫째, 이 사례는 비인간동물을 대리해 제출된 것 중 세계 최초로 승인받은 인신보호영장이었다. 둘째, 마우리시오 판사의 영장 승인은 영장류가 기본 권리를 갖는 법적 인격이라고 판단한 최초의 판결이었다. 세실리아 판례 이전에도 동물을 대신해 인신보호영장을 청구한 사례가 다수 있었지만, 성공한 경우는 한건도 없었다. 예를 들어, 미국의 비인간권리프로젝트Nonhuman Rights Project는 여러 침팬지와 코끼리를 대리해 인신보호영장 발급 청원을 계속 시도해왔다. 모든 부류의 종이 법적 인격을 갖는다는 인정을 이끌어내기 위한 점진적 전략의 일환이었다. 물론 비인간권리프로젝트가 제출한 인신보호영장은 단 하나도 승인받지 못했다. 미국 뉴욕주 대법원 제1사법부 상소부는 침팬지 토미와 키코에 대한 인신보호영장을 만장일치로 기각했다. 판사들은 침팬지가 법적 의무를 다하지 못하고 인간 공동체의 구성원이 되지 못하기 때문에 법적 인격이 아니라고 판결했다. 그런 면에서 세실리아 판결은 획기적인 돌파구를 마련한 사건이었다.

이번 장에서는 두가지 질문을 다룬다. 첫째, 비인간동물들이 법적 인격으로 간주될 수 있는지 여부를 묻는다. 마우리시오 판사가 세실리아를 인격으로 인정한 것이 옳았는가? 혹은 뉴욕주 법원이 침팬지와 다른 동물들은 인격이 될 수 없다고 판결한 것이 옳았는가? 둘째, 법적 인격이 동물에게 혜택을 주는지를 살펴본다. 특히 동물의 법적 인격을 인정하면 내재적인 가치를 존중하는 동물의 기본권 또한 보장되는지 질문할 것이다.

동물도 법적 인격이 될 수 있는가?

동물에게 '법적 인격'의 지위를 부여하는 것이 의미 있는지 여부를 결정하기 위해 먼저 법적 인격이 무엇인지 이해할 필요가 있다. 안타깝게도 법적 인격에 대해 논란의 여지 없는 명료한 정의는 아직 없으며 여러 학자들은 다양한 입장을 취하고 있다. 다만 대부분의 학자들은 법적 인격성legal personhood과 법적 권리 소유 사이에 밀접한 관계가 있다고 지적한다. 학자들 중 일부는 법적 의무를 지는 것이 법적 인격성의 필수적인 특징이라고 믿는다. 분명한 것은 법적 인격이 '법적 지위'의 한 형태이며, 그 지위에 따라 개인들을 비인격과 구분한다는 점이다. 여기서 법적 인격의 지위는 비인격보다 높은 것으로 간주된다는 것이 중요하며, 법적 인격은 일반적으로 법의 단순한 대상이 아닌 주체로 간주된다.

지각 있는 비인간동물이 법적 인격을 갖는다고 인정하는 것은 확실히 중대한 의미가 있다. 이를 인정하면, 법적 인격을 갖는 인간과 동등한 법적 지위를 동물에게 부여할 수 있고, 동물의 이익이 인간을 위해 거래될 수는 없다고 믿게 할 근거를 제공할 수 있다. 단지 동물복지법과 헌법 조항만을 보유한 공동체에서는 여전히 인간을 위한 거래가 지속되고 있지만 말이다. 다시 말해, 지각 있는 동물에게 법적 인격을 부여하는 것은 동물의 내재적 가치를 인정하는 수단이 된다.

그러나 이 쟁점을 다루기에 앞서 지각 있는 동물에게 법적 인격을 제대로 부여할 수 있는지에 대한 질문으로 돌아갈 필요가 있다. 침팬지 토미와 키코에 대해 뉴욕주 법원이 다른 견해를 제시한 사건을 기억할 것이다. 법원은 두가지 이유에서 침팬지가 법적 인격이 아니라고 주장했다. 첫째 침팬지는 법적 의무를 질 능력이 없으며, 둘째 침팬지는 인간 공동체의 일원이 아니다. 각각의 논리를 차례로 살펴보자.

법적 의무를 질 수 있는 사람에게만 인격성을 부여하는 것은 어느 정도 의미가 있다. 법적 의무를 지는 사람은 법적 관점에서 특별한 존재다. 법 준수를 통해 혜택만 누리는 것이 아니라 법의 명령에도 따라야 하기 때문이다. 따라서 가장 포괄적인 법적 관계에 포함되어 있다는 사실을 근거로, 그 개인들에게 가장 높은 법적 지위를 부여하는 것은 타당하다. 그러나 다시 생각해보면 이러한 추론에서 문제점이 발견된다. 법적 의무를 지지 않고, 질 수도 없는 법적 인격의 사례가 존재하기 때문이다. 유아는 유용한 예이다. 어린이들은 법으로 보호되는 이해관계와 권리를 가지고 있지만 법적 의무는 없다. 물론 유아가 성인과 동등한 법적 지위를 누리는 법적 인격이라는 것에는 논란의 여지가 없다.

인간 유아가 의무 없이 법적 인격이 될 수 있다면, 동물은 어떤가? 한가지 가능한 답변은 유아의 **잠재력**과 관련이 있다. 아이들은 자라서 언젠가 의무를 지는 사람으로 성장하겠지만 동물들은 그렇지 못할 것이다. 이를 근거로 유아에게는 법적 인격성을 부여할 수 있지만 동물에게는 부여할 수 없게 된다. 하지만 잠재적 능력에 대한 설명은 법적 지위를 부여하는 충분한 근거가 되지 못한다. 예를 들어 네살배기 아이가 군인이 될 잠재력이 있다고 치자. 그러나 아이가 명백하게 이런 잠재력을 지녔다고 해서, 바로 지금 여기에서 전투 부대원의 법적 지위를 누려야 한다는 것은 아니다. 또한 이 문제를 차치하더라도, 모든 유아나 성인이 법적 의무를 질 수 있는 잠재력이 있는 것도 아니다. 심각한 정신장애를 가진 사람은 자신의 행동에 법적 책임을 질 만한 충분한 능력이 없다. 그러한 개인들은 논쟁의 여지 없이 법적 인격을 가지고 있지만 법적 의무를 질 수 있는 능력이나 잠재력이 없다.

동물의 법적 인격을 거부하는 두번째 근거는 유아와 중증장애인의 문제를 정면으로 다룬다. 법원은 침팬지가 '인간 공동체'의 구성원이 아니기 때문에 법적 인격이 아니라고 주장했다. 이 주장은 인간 유아와 중증장애인은 사회의 구성원이기 때문에 법적 인격이라는 의미이다. 이 논리를 어떻게 반박할 수 있을까? 우선 생물학적 인간이 법적 인격에 수반되는 필요충분조건이라는 주장일 경우, 이를 반박할 만한 충분한 이유가 있다. 간단히 말해 도덕적으로 임의적인 morally arbitrary● 생물학적 범주에 기초해 법적 지위를 부여한다는 생각은 거부되어야 한다. 피터 싱어가 지적했듯이, 성이나 인종에 근거해 특정 개인에게 더 높은 지위를 부여하는 것은 성차별주의 혹은 인종차별주의로 간주되는 것이 마땅하다(Singer 1999: 9면). 같은 이유에서 우리가 종의 구성원 자격으로 더 높은 지위를 부여하는 것은 차별적인 것이며 나아가 **종차별주의**speciesist라 의심할 만하다.

만약 우리가 성과 인종 차원에서는 의미가 없지만 인간 종의 차원에서 **도덕적으로 의미 있는** 어떤 것을 보여줄 수 있다면, 이런 걱정은 사라질 것이다. 그러나 무엇이 도덕적으로 의미 있는가? 이는 결국 법적 의무에 대한 쟁점으로 회기된다. 우리는 인간만이 법적 의무를 질 수 있는 구성원이라는 사실을 잘 알고 있다. 인간 공동체 내의 특정 개인들(유아

● 존 롤스(John Rawls)의 표현으로 우연에 따르는 불편부당한 조건으로 보이지만, 실제로는 차별과 불평등을 낳는 임의적인 상황을 의미한다.

나 중증장애인)은 법적 의무를 질 수 없지만 그들 역시 '인간'이기 때문에 문제되지 않는다. 그들은 특정 공동체에 속해 있고, 공동체의 구성원들은 일반적으로 그러한 의무를 진다는 사실이 중요하다(Cohen 1986). 하지만 이 주장 역시 타당하지 않다. 개인들은 온갖 종류의 집단에 속해 있고, 그 구성원들은 일반적으로 다양한 능력을 가지고 있다. 그렇다면 왜 종이 유의미한 집단으로 선택되어야 하는가?(Nobis 2004) 예를 들어, 인간 개개인은 단지 **호모사피엔스** 집단에만 속하는 것이 아니라 각기 다른 집단에 속하기도 한다. 인간이 속한 또다른 중요 집단은 '살아 있는 유기체' 범주이다. 만약 개인의 지위가 그가 속한 집단의 정상적인 능력에 따라 결정된다면 성인 인간이 법적 인격성을 누려서는 안 된다는 궤변이 가능해진다. 왜냐하면 성인 인간은 구성원들이 대개 법적 의무를 질 수 없는 집단, 즉 살아 있는 유기체 집단에도 속하기 때문이다. 나아가 '종'이 지위를 결정하는 데에 유의미한 집단이라는 것을 어떻게든 확정하더라도, 어떤 종에 대해 무엇이 '표준'인지를 정하기란 어렵다는 문제에 직면하게 된다. 예를 들어 인간은 법적 의무를 감당할 수 있기에 당연히 표준이다라고 할 수 없다. 갓난아기, 유아, 중증정신질환자 등 무능력한 인간들이 인간 종의 특이하고 예외적인 사례를 대표하지 않기 때문이다. 오히려 그들은 매우 다채로운 능력을 지닌 개체들을 망라하는 종 속에 항상 존재하는 집단이다.

인간 공동체 안에서 법적 인격성과 성원권을 연계하는 주장은 생물학적 구분이 아니라 사회적 성원권과 관련 있다. 모든 인간이 법적 인격이며 높은 법적 지위를 누리고 있다는 생각은 논쟁의 여지가 있을 수 있는데, 인간은 이 법이 적용되는 사회의 구성원이기 때문이다. 이러한 맥락에서 '인간 공동체'는 일종의 사회적 관계를 의미하고 그 사회적 관계가 법적 지위를 결정한다. 법적 인격성을 공동체의 성원권을 기반으로 부여해야 한다는 것이 사실일지라도, 그것이 지각 있는 동물들을 전부 배제하지는 않을 것이다. 결국 다음 장에서 논의하겠지만, 대부분의 동물은 분명히 사회의 구성원이다. 의심할 바 없이 우리의 집에 살고 있는 동물, 거리에 사는 동물, 농장 가축들의 경우가 그에 해당한다. 이 동물들은 명백하게 인간 공동체 안에 거주할 뿐만 아니라 중요한 방식으로 공동체에 참여하고 기여한다. 다음 장에서는 성원권이 동물들에게도 확대되어야 한다고 주장할 것이다.

다만 여기서는 인간과 동물들이 서로 고립된 채 생활하지 않는다는 정도만 지적하겠다. 인간과 동물의 삶은 서로 깊게 얽혀 있다. 그렇기 때문에 종-배타적인 '인간 공동체'는 존재하지 않는다. 대신 우리는 서로의 운명이 온전히 얽혀 있는 '다종 공동체'multi-species communities 안에 살고 있다.

그러므로 법원이 토미와 키코의 법적 인격성을 부정하면서 제시한 두 주장은 타당하지 않다. 법적 의무를 지는 것과 인간 공동체의 구성원이 되는 것 모두 인격성을 인정하는 근거가 될 수 없다. 그렇다면 어떻게 해야 하는가? 지각 있는 동물의 인격성을 인정한 사례가 존재하는가? 나는 유아와 중증정신질환자 사례가 본보기가 될 수 있다고 생각한다. 이들은 법적 의무를 질 수 있는 잠재력 때문에, 혹은 생물학적 범주의 성원권 때문에 법적 인격이 되는 것이 아니다. 그보다는 그들 자체로 중요하기 때문에 높은 법적 지위를 영위한다. 즉 내재적 가치의 토대가 되는 역량이 법적 인격성 또한 뒷받침하는 것이다. 만약 어떤 개체가 세상과 자신의 공간을 경험할 수 있다면, 그 개체는 다른 개체와 동등한 법적 지위를 누릴 수 있어야 한다. 그들의 이해관계는 모두 동등하게 중요하며 종속적인 것으로 간주되어서는 안 된다. 달리 말하면 인간이든 비인간동물이든 모든 지각 있는 개체는 법적 인격을 가질 자격이 있다.

법적 인격성의 핵심은 무엇인가?

동물이 쾌고감수능력을 갖기 때문에 법적 인격을 가질 자격이 있다 하더라도, 인격성을 얻는 것이 실제로 동물에게 도움이 될 것인가? 동물의 인격성을 인정하는 것이 그들의 내재적 가치에 대한 존중을 보장할 것인가? 흔히 이야기되면서도 강력한 주장은 동물이 '권리 보유자'가 되기 위해 법적 인격을 필요로 한다는 것이다(Francione 1995; Wise 2000). 하지만 법적 인격성을 인정한다고 해서 과연 동물이 갑자기 권리 보유자가 될 것인지에 대해 의문을 제기할 타당한 이유가 있다. 사실상 우리가 이전 장에서 다뤘던 것처럼 동물은 이미 권리 보유자이다. 인간이 동물의 인격적 지위를 거부했다는 사실과 관계없이 동물은 권리 보유자이다. 부연하자면, 이 책 서문에서 보았듯이 권리는 일반적으로 '보호된 이해관계'로 알려져 있다. 본질적으로 권리는 이해관계

당사자를 위해 다른 사람에게 의무를 부여하는 이해관계이다. 이러한 배경에서 2장에서 논의한 바와 같이 동물복지법은 동물에게 유의미한 권리를 제공할 수 있고, 현재 그렇게 하고 있다. 1999년 뉴질랜드의 동물복지법을 예로 들어보자. 이 법은 동물의 이익을 최우선으로 한 경우를 제외한 모든 연구·실험·교육에 유인원 사용을 금지했다. 이 금지 법안은 유인원이 살아가는 동안 고통받지 않고, 연구 시설에 감금되지 않을 수 있도록 하는 등 유인원의 기본적인 이익을 분명히 보호한다. 더불어 뉴질랜드 연구자들에게 유인원이 그 같은 상황에 빠지지 않도록 보호할 의무를 부과했다. 이러한 관점에서 뉴질랜드 유인원이 연구 실험에 이용되지 않을 권리를 가졌다고 보는 것이 타당할 것 같다.

그렇다면 동물복지법이 제공하는 권리가 동물의 **기본적인** 권리가 아님은 자명하다. 동물복지법의 권리는 헌법이 인권이나 자유를 규정하는 방식으로 확립되어 있지 않다. 이처럼 '입법화된 권리'는 대개 확립된 권리보다 중요도가 떨어진다. 이런 관점에서 보면 법적 인격성이 동물을 권리 보유자로 변모시킨다고 말할 수는 없지만, 동물이 인간의 헌법적 권리와 동등한 중요성을 갖는 권리를 누릴 수 있도록 변화의 물꼬를 틀 것임은 확실하다.

이것은 동물에게 법적 인격성이 얼마나 중요한지를 보여준다. 법적 인격성은 동물에게 인간과 같은 법적 지위를 제공하고 다른 사람들과 동일한 법적 위계를 부여하는데, 이는 동물의 이해관계가 인간에게 종속될 수 없다는 의미이다. 그렇다고 해서 동물권이 인간의 권리와 충돌할 때 언제나 승리한다는 것은 아니다. 인간의 이해관계와 권리는 여전히 우위에 있다. 그러나 인간과 동물이 동등한 법적 지위에 있는 상태에서 인간의 이익이 우위를 점할 수 있으려면 동물의 이익과 비교하여 공정하고 평등하게 평가되어야 한다. 지각 있는 동물이 법적 인격성을 얻는다면, 인간의 이해관계는 단순히 인간에게 종속되어 있기 때문이 아닌 더 강력하고 비중 있는 이유, 즉 잘 사는 것living well*이 중요하기 때문에 이해충돌에서 우위를 점하게 되는 것이다.

실질적인 측면에서 지각 있는 동물의 인격성과 기본권을 인정하는 것은 급진적인 함의를 갖는다. 동물보호 활동가들은 이전 장에서 논의됐던 동물 전시나 문화 축제와 같은 동

• 로널드 드워킨(Ronald Dworkin)이 그의 저서 『정의론』(박경신 옮김, 민음사 2015)에서 제시한 개념으로 결과가 아닌 과정으로 판단되는 삶의 부사적 가치를 의미한다.

물학대 행위를 금지하기 위해 법원을 이용할 수 있게 되었다. 더불어 동물에게 심각한 고통을 주는 흔한 관행들을 근절하는 등의 보다 많은 일을 할 수 있게 되었다. 이미 살펴본 바와 같이 동물이 헌법의 보호를 받더라도 동물의 이익은 그 자체로 존중받지 못하고 있다. 인간의 더 강력한 이익과 상충될 경우 동물이 뒷전으로 밀리는 일이 다반사다. 인간의 이익이 약할 때, 즉 잘 사는 데 별로 중요하지 않을 경우에도 마찬가지다. 하지만 동물과 인간의 이익이 공정하게 비교된다면 축산업과 동물연구, 스포츠, 엔터테인먼트를 포함한 산업 전반에서 동물을 착취하는 일은 위축될 것이다. 이러한 분야에서 얻은 이득에서 비롯된 인간의 이익이 크더라도 착취에서 자유로워지는 동물의 이익보다 중요하지 않다는 것이 분명하기 때문이다. 예를 들어 농업이라면, 인간의 상업적 이익과 요식업의 이익이 물론 중요하지만, 고통에서 벗어나 지속적인 삶을 누릴 동물의 기본 이익과 견주어 볼 때, 인간의 이익이 윤택한 삶을 위한 필수 조건이 아님은 분명한 듯하다.

결론

이 장에서 나는 동물에게 법적 인격성을 부여하는 것이 옳다는 주장을 옹호했다. 마우리시오 판사가 세실리아의 인격성을 인정한 것은 옳았고, 뉴욕주 대법원에서 토미와 키코의 법적 지위를 부정한 것은 틀렸다. 침팬지뿐만 아니라 모든 지각 있는 동물은 인격성을 가질 자격이 있다. 그들은 세상과 스스로를 경험할 수 있는 능력이 있기 때문이다. 이는 인간 유아, 중증정신질환자와 마찬가지로 지각 있는 동물은 높은 법적 지위를 누릴 자격이 있으며, 동물의 내재적 가치는 동물의 이익이 법적 의무를 질 수 있는 인간에게 종속되어서는 안 된다는 것을 뜻한다.

동물의 인격성을 인정하는 것은 동물의 이익을 인간의 이익과 동등한 법적 위계에 둔다는 의미이다. 이것이 동물을 마술처럼 권리 보유자로 바꿔주지는 않지만, 동물의 이익을 공정하고 정당하게 평가할 수 있는 중요한 수단을 제공한다. 따라서 동물에게 법적 인격성을 부여하는 것은 실로 급진적인 의미를 갖는다.

그러나 우리가 질문해야 하는 것은 법적 인격성만으로 충분한지 여부이다. 보다 정확하게 하자면, 지각 있는 동물의 법적 인격성을 인정하는 정치 공동체가 과연 동물의 내재적 가치를 존중할 것인지 물어볼 필요가 있다. 안타깝게도 동등한 법적 지위만으로는 이를 보장할 수 없다. 다음 두 장에서 나는 동물의 내재적 가치를 존중하기 위한 중요한 전제 조건은 동물의 법적 지위뿐만 아니라 **정치적** 지위를 바꾸는 것이라고 주장할 것이다. 5장에서는 동물을 인간 사회의 **구성원**으로 인정하고, 동물의 이해관계가 정치적 의제 형성 및 구성에 포함되어야 한다고 주장할 것이다. 마지막으로 6장에서는 그런 측면에서 동물의 이해관계가 중요하다면, 동물이 민주적 과정에서 공식적인 **대표성**을 획득해야 한다고 주장할 것이다.

5장

성원권

최근 많은 국가에서 특정 서비스 동물의 지위, 특히 경찰이나 군대에서 복무하는 개의 지위에 대한 논란이 있었다. 일례로 영국에서는 일명 '핀 법'Finn's Law을 지지하는 운동이 있었다. 경찰견 핀은 강도 용의자를 쫓다가 머리와 가슴을 찔려 죽을 뻔했다. 그의 훈련사 데이브 워델을 보호하다가 상처를 입은 것이었다. 핀은 폐를 찔렸음에도 다른 경찰이 도착할 때까지 용의자를 놓지 않았다. 용의자는 경찰관 폭행에 따른 실질적인 신체 상해 혐의와 동물 폭행에 따른 재물손괴 혐의로 체포·기소되었다. 동물복지법 적용을 받지 않았기 때문에 최고 형량(범죄 피해 형량 10년에 비해 짧은 최대 6개월의 구금형)이 훨씬 가벼워졌고, 자기방어권이 참작되었다. 2019년 4월 발효된 동물복지법안(서비스 동물 관런)에 자기방어 관련 조항이 삭제되면서 직무 수행에 있어 경찰 동물의 보호 조치가 개선되었다(Drewett 2019).

　미국에서는 군복무견의 지위와 보호를 둘러싼 유사한 논란이 일었다. 쟁점은 군견의 해외 복무 종료 이후의 처우였다. 군견들이 입양 조건을 갖추었을지라도 새로운 입양 가정으로 이동하는 비용과 치료비를 감당할 여력이 있는 반려인을 찾는 것이 관건이었다. 이에 군견회원법안Canine Members of the Armed Services Act이 발의됐다. 이 법안은 개들을 공식적으로 '부대 장비'에서 '군견 장병'으로 재분류하여 수송비와 치료비를 지원하는 한편, 수행한 임무에 대한 훈장을 수여하도록 했다. 이후 이 법안은 상위법인 군복무인정법(2013)에 편입되면서 개를 장병으로 재분류하고 훈장을 수여하는 내용은 삭제되었다(Animal Welfare Institute n.d.).

　대중이 이러한 변화를 지지한 이유는 무엇일까? 그것은 동물이 그저 '장비'라는 생각을 강력하게 거부했기 때문이다. 동물에 대한 복지 없이 동물을 그저 사용만 하는 단순 도구로 대해서는 안 된다. 동물은 폭행과 유기부터 보호받아야 하는 지각을 가진 존재이며 동물 고유의 내재적 가치를 지니고 있다. 그러나 이러한 변화를 지지하는 더 중요한 이유는 동물이 경찰과 군인의 역할을 넘어 우리 지역사회의 동료 **구성원**이라는 믿음에서 나온다. 지역사회의 공동 구성원으로서 동물이 단순히 상해를 입지 않도록 보호받는 것에서 나아가 건강관리나 은퇴와 같은 **사회적 혜택**을 누려야 한다는 공감대를 형성한 것이다.

　이러한 동물을 인간 정치 공동체의 구성원으로 인정하는 것이 합리적인가? 구성원의 자격을 또다른 존재들로 확대할 수 있는가? 구성원이 될 경우, 강력한 동물복지법 도입과 동물의 법적 인격성 인정 이상으로 동물에게 어떤 영향을 미칠 것인가? 나는 이번 장에서 이러한 질문에 대한 답변을 세 가지로 제시하고자 한다. 첫째, 정치 공동체의 구성원은 단순히 보호받는 것 이상을 누려야 하며 '공공선' 안으로 포용해야 한다고 주장할 것이다. 둘째, 구성원 자격이 단지 상해를 입지 않는 것이 아니라 '잘 사는' 것에 대한 관심을 존중하므로 특정 동물들에게 중요하다고 주장할 것이다. 동물의 내재적 가치를 존중하기 위해 정치 공동체는 단순히 보호법을 도입하는 것 이상을 목표로 삼아야 한다. 하지만 동물을 구성원으로 인정하는 것이 의미가 있는가? 마지막으로, 동물이 우리와 '얽힌 관계'라는 전제하에 특정 가축 및 야생동물을 지역 공동체의 구성원으로 수용해야 한다고 주장할 것이다.

성원권: 보호에서 공공선으로의 포용

동물을 정치 공동체의 구성원으로 인정한다면 동물과 인간의 관계가 어떻게 변화될 것인가? 예를 들어, 경찰견과 군견을 사회 구성원으로 인정했을 경우, 강력한 동물복지법 도입과 동물의 법적 인격성을 인정하는 것만으로는 불가능했던 일을 이루어낼 수 있을까? 단도직입적으로 말하자면, 성원권은 동물을 상해로부터 보호할 뿐만 아니라 '공공선'으로 포용할 수 있는 권리를 부여한다.

이를 설명하기 위해 정치 공동체가 실제로 무엇을 의미하는지 간략하게 살펴볼 필요가 있다. 역사학자들이 이 질문에 매우 다양한 답을 제시했지만, 정치 공동체가 때로 공공의 이익이라 칭하는 집단적 이익을 추구하기 위해서는 적어도 공유된 제도 아래 속한 개인들의 집단으로 구성되어야 한다는 데에 대체로 동의한다. 여기서 집단적 이익은 '공공선'이라고도 불린다. 즉 정치 공동체의 일원이 된다는 것의 핵심은 공동체의 의사 결정자들이 '공공선'을 구성하고 추구할 때 각 개인들의 이해관계를 포함해야 한다는 점이다. 실제로 건강한 정치 공동체는 구성원을 상해로부터 보호하는 것을 목표로 할 뿐만 아니라 그들이 '잘 살도록' 돕는 것을 지향한다.

정치 공동체가 외국에 거주하는 비구성원들과 통상적으로 어떤 관계를 맺고 있는지 생각해보자(Donaldson and Kymlicka 2011: 50~51면을 보라). 아마도 많은 사람들이 지역사회 정책이 외국 거주자들에게 해를 끼쳐선 안 된다고 주장할 것이다. 즉 인접 국가의 영토, 자원, 주민들을 점령하거나 억류하는 등의 침략 행위를 삼가야 한다. 또한 한 국가의 대기오염과 수질오염이 이웃 국가의 국민 건강에 문제를 초래하지 않도록 주의해야 한다. 나아가 지역 공동체 내의 전염병이 인접 국가로 확산되지 않도록 반드시 최선의 조치를 취해야 한다. 그런데 많은 이들이 자신이 속해 있는 공동체의 구성원에게는 지역사회가 더 광범위한 의무를 져야 한다고 생각한다. 그러니까 의료 서비스, 교육, 노후보장, 문화 접근성 등의 재화와 서비스가 구성원에게 제공되어야 한다.

이는 구성원들에게 상해로부터의 보호를 넘어서 번영할 수 있는 기회를 주는 것이다. 다시 말해, 구성원들의 이익이 정책을 수립함에 있어 압력으로 작용할 뿐 아니라 정책을 구성하고 프레임을 짜는 방향으로까지 나아가야 한다.

경찰견과 군견 사례로 돌아가보면, 이러한 동물들에게 성원권이 어떤 도움이 될지가 분명해진다. 성원권은 동물이 상해를 입는 갖가지 사건으로부터 보호하는 법을 마련하게 할 뿐만 아니라 특정한 형태의 사회적 복지 조항에 적용받을 수 있는 자격도 부여할 것이다. 제공의 본질이 무엇인가에 대해서는 더욱 충분하게 논의될 필요가 있다. 그럼에도 불구하고 적어도 유사한 종류의 조항이 동물보호 운동가들이 추구하는 방향과 일치한다는 것을 알 수 있다. 예를 들어, 성원권을 인정하면 동물이 의료 서비스를 통해 질병과 부상을 치료받고 나아가 예방 개입의 혜택을 누릴 수 있다. 또한 적절한 근로 조건을 제공함으로써 동물이 단순한 도구나 장비로 전락되는 것에서 벗어나, 동물 자신에게 중요한 이해관계가 있음을 인정받을 수 있다. 덧붙여, 성원권은 동물들이 임무 종료 후에도 보살핌과 안정을 누릴 수 있도록 은퇴 조항을 제공할 수도 있다.

동물은 정치적 성원권에 대해
이해관계를 가질까?

이러한 동물과 기타 다른 동물이 실제로 성원권에 이해관계를 가질까? 공공선 구성에 동물을 포함하는 것이 중요한가? 동물의 내재적 가치를 존중하는 데 도움이 될까? 그렇다고 믿을 만한 충분한 이유가 있다. 지각 있는 개체들은 상해 없이 잘 사는 것에만 관심을 두지 않는다. 지각 있는 생명체가 고통을 피하고 싶어하는 것과 동시에 즐거움을 원하는 것 역시 분명하다. 지각 있는 동물은 자기 삶을 누리며 잘 사는 것에 관심이 있으므로 동물의 내재적 가치를 존중하는 것은 그들의 관심을 보호하는 것으로 귀결된다. 나아가 정치적 성원권은 잘 사는 것에 대한 이익을 증진시킬 수 있는 중요한 수단이다.

인간의 경우를 생각해보자. 정치에 대한 오래되고 강력한 정당화는 정치가 적절히 구조화되고 제한될 때, 권력을 행사하는 자들의 이익을 충족시킬 수 있다는 것이다. 우리의 정치 구조가 강력하고 공정한 형법 및 기타 보호법을 갖춰야 하는 이유이다. 또한 이러한 구조를 통해 건강관리, 교육, 열린 공간, 대중교통 연계 등과 같은 공공 서비스의 제공 등 구성원이 잘 살 수 있는 지원을 요구하는 이유이기도 하다. 우리는 모두 잘 살기를 원하기 때문에 공적 재화와 관련된 조항과 내용에 대한 심의에 우리의 이익이 포함되기를 바란다. 직설적으로 말해서 모든 인간은 성원권의 혜택을 원한다. 우리의 이익이 정치 공동체의 목표가 되기를 원한다. 또한 스스로가 공적 재화의 잠재적 수혜자로 간주되기를 희망한다. 지각 있는 동물 역시 잘 사는 것에 관심을 가지며, 이러한 재화 제공에 따른 혜택을 받을 수 있으므로 동물 역시 성원권에 이해관계를 갖는다고 할 수 있다. 수 도널드슨과 윌 킴리카는 이러한 방식으로 동물 구성원을 통합한 상호이익의 다중 정치 시스템을 '동물정치'zoopolis로 묘사했다(Donaldson and Kymlicka 2011).

하지만 성원권 안에서 동물의 이익은 그리 명확하지 않은 것 같다. 일부 사상가들과 동물보호 활동가들은 정치적 성원권이 비인간동물의 이익과 상관없다고 주장한다. 이 주장에는 두가지 근거가 있다. 첫번째는 대체적으로 정치권력 본질에 회의적인 주장으로, 몇몇 무정부주의자들과 마르크스주의 사상가들에 의해 제안되었다(Dominick 1997; Torres

2007). 핵심 주장은 국가권력이 동물의 이해관계에 항상 적대적이란 것이다. 이들은 기존의 모든 국가가 동물에게 가해지는 폭력을 합법으로 **보장하고** 동물권을 대대적으로 침해했다고 지적한다. 예를 들어 농업 보조금 지급과 동물실험 연구비 지원을 통해 국가가 동물에 대한 폭력을 직접적으로 **조장한다**는 것이다. 게다가 국가는 동물을 대신해 투쟁하는 사람들이 그들의 주장을 관철할 수 있는 유의미한 경로를 거의 제공하지 않으며 오히려 그런 시도를 적극적으로 방해하기도 한다. 농장주의 동의 없이 농장을 비밀리에 촬영하거나 녹화하는 행위를 금지하는 이른바 어그개그법^{ag-}gag laws●과 같은 처벌 규정의 확립은 정치권력이 동물의 내재적 가치를 존중하도록 지원하기는커녕 방해한다는 것을 반증하는 강력한 사례이다. 결론적으로 무정부주의자와 마르크스주의자들의 주장에 따르면, 정치적 성원권이 동물에게 어떻게든 이익이 될 것이라는 생각은 순진한 발상이다. 정치권력이 상호이익을 도출하기보다 **폭력적**으로 작용한다는 사실을 간과한다는 것이다.

● 동물학대에 대한 내부 고발을 금지하는 법으로, 1990년 미국 캔자스주에서 처음으로 도입했다.

동물의 성원권에 대한 두번째 회의론은 소위 '동물해방론자'의 주장에서 나온다. 동물해방론자들은 인간과 동물이 상호적으로 이익을 얻을 가능성을 묵살한다. 게리 프랜시온 같은 사상가들은 인간이 동물의 삶에 가능한 한 개입하지 않아야 한다고 주장한다(Francione 2008). 야생과 관련하여 동물해방론자들은 일반적으로 개입 자제를 주장한다. **'동물을 그냥 내버려두기'**가 원칙이어야 한다는 것이다(Regan 2004[1983]: 357면). 이는 인간이 야생동물에게 지속해서 피해를 끼쳐왔고, 현재도 자행되고 있는 광범위한 고통을 고려할 때 분명 타당한 주장이다. 인간들은 사냥과 포획을 일삼고, 농업과 개발을 위해 동물의 서식지를 끊임없이 파괴하면서 동물을 위태롭게 했다. 아마 논쟁의 여지는 있을 테지만, 동물해방론자들은 가축의 삶에도 인간은 빠져야 한다고 주장한다. 그들은 동물의 가축화가 인간의 이익을 위해 동물을 의도적으로 선별하여 사육하는 것과 결부된다고 지적한다. 동물해방론자들에 따르면, 가축화된 동물이 길들여지고 인간에게 의존하게 되는 것은 도덕적으로 옳지 못하다. 따라서 우리가 가축을 위해 할 수 있는 최선은 가축이란 현실을 없애는 것이다. 다시 말해, 우리는 기존의 가축은 보살

피되 더이상 가축이 재생산되지 않도록 막아야 한다. 그래야 미래에는 어떤 동물도 피해당하지 않고, 가축이 되는 모욕도 겪지 않을 것이다. 그러므로 동물해방론자들은 동물을 신체 정치body politic에 통합시키려는 관념이 잘못됐다고 본다. 그 어떤 다종 정치 공동체multi-species political community도 상호적으로 이익을 누릴 수 없다. 인간은 동물의 삶에서 물러나야 할 뿐이다.

앞서 언급한 주장들이 강력하지만, 나는 어느 쪽이든 정치적 성원권에 대한 동물의 이해관계를 훼손한다고는 생각하지 않는다. 정치권력에 대한 주장을 우선시할 경우, 기존 정치 공동체가 동물의 내재적 가치를 존중하지 못한 것은 분명한 사실이다. 그러나 현재 정치권력의 형태가 동물의 이익에 반한다고 해서 앞으로도 계속 그럴 것이라는 의미는 아니다. 역사는 국가권력이 피해를 막는 것뿐 아니라 선善을 실행하는 방향으로 제한되고 형성될 수 있음을 보여주었다. 국가 그리고 국가가 행사하는 권력은 급격한 변화를 거쳐 왔다. 특히 노예제 폐지, 보통 선거권 확대, 복지국가의 등장 등이 보여주듯이, 국가가 진보적인 힘에 따라 변화할 수 있다는 것 또한 입증되었다. 변화가 때로 더디고 어렵다는 것은 의심할 여지 없는 사실이지만, 국가가 동물을 위해 진보적인 세력으로서 행동하는 것이 절대 불가능하다는 생각은 지나치게 비관적이다.

동물해방론자의 주장에 대해 논하자면, 인간이 동물의 삶과 얽히면서 매우 심각한 문제가 초래된다는 것은 분명하다. 대부분의 기존 인간-동물의 관계가 정확하게 상호이익이 된다고 말할 수 없다. 착취적이고 해악이 되는 관행들은 반드시 금지되어야 한다. 그렇다고 인간과 동물의 모든 관계가 언제나 해롭다고 볼 수는 없다. 예를 들어, 야생동물을 위한 우리의 최선이 야생동물을 그냥 내버려두는 것이라는 주장은 굉장히 의문스럽다. 일단 야생동물을 홀로 내버려두는 것이 가능할지 의문이다. 인간이 환경에 미친 영향이 매우 크기 때문에 야생동물의 삶으로부터 간단히 철수하면 된다는 생각은 설득력이 떨어진다. 나아가 일부 야생동물을 위한 인간의 활동 중에 도움이 되는 행위가 분명히 존재한다. 광견병이나 결핵과 같은 질병을 예방하기 위해 야생동물에게 백신을 접종하고, 기상 이변으로 인해 굶주리는 동물에게 먹이를 제공하는 것 역시 대상 동물에게 도움이 되는 것이 사실이다. 또한 길들여진 동물이 인간의 필요에 맞게 사육된 것은 부인할 수 없지만, 이를 위해 가축을 더는 길들이지 말아야 한다는 주장은 이상하게 들린다. 가축이 그들의 행복을 위해 인간에게 어느 정도 의존하고 있다는 말은 일리가 있으나, 그렇기 때문에 동물이 잘 살기 어렵다는 논리로 귀결될 수는 없다. 인간이든 야생동물이든 길들여진 동물이든, 모든 동물은 잘 살기 위해 타자에게 의존한다(Arneil 2009). 당신이 살면서 의존해왔고, 또한 계속해서 의존하는 대상들을 생각해보라. 의존성을 존엄이 없는 일종의 노예 상태와 동일시해서는 안 될 것이다. 오히려 모든 지각 있는 동물이 잘 사는 것에 관심을 가지며, 나아가 특정 동물의 경우 정치 공동체의 성원권을 부여하는 것이 그러한 관심을 보장하는 수단이 된다는 점을 인정해야 한다.

동물은 우리 정치 공동체의 구성원이 되어야 하는가?

정치 공동체가 동물의 내재적 가치를 존중하려면, 즉 동물의 이익이 그 자체로 중요하다고 인정하려면, 동물이 잘 사는 것에 관심이 있음을 인정해야 한다. 이를 위한 한가지 분명한 방법은 비인간동물에게 성원권을 확대하고 공공선 안으로 그들을 포함하는 것이다. 그러나 특정 동물이 정치적 성원권으로 이익을 얻을 수도 있다는 것과 그들이 반드시 그러한 권리를 얻어야 한다는 것은 별개의 문제다.

우선, 정치 공동체가 동물이 잘 사는 것을 실질적으로 돕지 않으면서 동물의 이익을 존중하는 것도 가능하다. 예컨대 동물이 잘 사는 데에 방해하지 않겠다는 원칙을 확실히 하는 것만으로 충분하다. 그러나 이 관점의 문제는 인간에게는 이 관점을 적용하지 않는다는 점이다. 앞서 언급했듯이, 우리는 인간을 위해로부터 보호할 뿐만 아니라 특정 공공 재화와 서비스를 반드시 제공하는 것을 정치 공동체의 필수불가결한 특징이라 믿는다. 인간은 이러한 혜택을 누리는데 왜 동물은 이를 누리면 안 되는가? 이 질문에 답하기 위해 동물을 정치 공동체의 구성원으로 여기는 것이 과연 의미 있고 적절한지, 그리고 정말로 그러하다면 동물은 어떤 구성원이 될지를 이해할 필요가 있다.

정치 공동체의 성원권을 결정하는 문제는 유독 어렵고 논쟁의 여지가 다분하다. 겉보기에 가장 명료한 방법은 거주지 기준으로 단순하게 정하는 것이다. 공동체가 관할하는 지역 내에 거주하는 모든 이를 구성원으로 간주하고, 공공선을 결정할 때 그들의 이익을 고려한다. 이 방식을 따른다면 공동체의 지역 내에 거주하는 모든 동물도 성원권을 얻게 될 것이다. 그러나 거주지 기준으로 성원권을 부여하면 거주자들이 들어오고 나갈 때 문제가 된다. 가령 외국인 노동자, 여행객, 임시 방문자들은 공동체 내에 잠시 거주하지만, 대부분의 공동체는 이들에게 완전한 성원권을 주지 않는다. 왜 그런가? 이 개인들은 도덕적으로 고려되고 법적 보호와 권리를 공유할 수 있는 반면, 공동체의 정치적 운명에 대한 이해관계가 없기에 이들의 이익은 명백하게 '공공선'의 일부를 형성하지 않는다.

이 문제를 해결하는 한가지 방법은 성원권의 기준을 거주지가 아닌 공통의 국가 혹은 민족 정체성에 두는 것이다. 역사, 문화 정체성, 언어, 관습, 소속감 등을 공유한 집단에서 정치 공동체가 등장한다는 발상이다. 이 연관성을 고려할 때 문화 정체성 유무를 성원권과 결부시키는 것이 타당할지 모른다. 다만 성원권을 이러한 방식으로 채택한다면, 민족성과 국적이 일반적으로 인간에게만 속한다는 근거로 동물을 배제하는 것처럼 보일 수도 있다. 많은 동물이 집단의 문화 정체성에서 중요한 자리를 차지하고 있음에도 말이다.

성원권을 문화 정체성과 연관시키는 것은 심각한 오류가 있다. 인종 정체성을 공유하는 많은 개인들이 공동체의 기능과 운명에 있어서는 이해관계를 공유하지 않는 경우가 있다. 실제로 그러한 개인들은 전세계에 널리 흩어져 있으며 제도를 공유하는 공동의 영토에서 함께 거주하지도 않는다. 물론 성원권은 영토의 경계를 초월할 수 있고, 많은 개인들이 이미 다수의 성원권을 보유하고 있는 것이 사실이다. 그럼에도 문화적인 집단이 분산되어 있다는 사실로 미루어 볼 때, 우리는 문화 정체성을 공유한 이들이 동일한 정치 공동체의 이해관계 역시 공유할 거라는 생각을 버려야 한다. 더욱이 공동체의 이해관계를 공유하는 모든 이들이 동일한 문화 정체성을 가지고 있는 것도 아니다. 실제로 하나의 단일 문화 정체성을 갖는 개인들이 결합된 정치 공동체를 생각하기란 어렵다. 역사는 그러한 공동체를 만들어내려는 시도가 얼마나 위험한지를 가르쳐준다. 대부분의 공동체는 다양한 집단으로 이루어져 있고, 그 집단들은 내적으로 동질적이지 않으며, 집단의 정체성을 경쟁·형성하고 변화시키는 개인을 포함하고 있다. 이처럼 어떤 정치 공동체든 차별화된 정체성을 가진 구성원들로 구성되어 있다.

다음으로, 또다른 가능성은 정치 공동체가 '공동의 사회 협력 기획'으로 작동한다는 생각을 진지하게 받아들이는 것이다. 정치 공동체를 이해함에 있어 중요한 것은 **상호성** 개념이다. 구성원들은 자신의 공정한 몫을 제공함으로써 공동체 안에서 다른 사람의 노동으로부터 이익을 얻는다(Rawls 1999: 96면). 이러한 추론에 따라 노동과 납세 등을 통해 사회의 '공정한 몫'에 기여하는 사람들이 성원권의 공적 재화와 서비스를 누려야 한다고 주장할지도 모른다. 경찰견과 군견이 구성원으로 인정받아야 한다고 주장하는 사람들의 이론적 근거는 이러한 성원권 할당 방식과 일치한다. 확실히 이동물들은 분명하게 드러나는 방식으로 공동체에 봉사하고 노동하고 기여한다. 경찰견이나 군견만이 사회에서 '공정한 몫'을 담당하는 것은 아니다. 농장에서 일하고, 장애인을 돕고, 치료를 제공하고, 재산을 지키는 동물을 생각해보라.

그럼에도 상호성에 토대를 둔 성원권 개념은 거부할 만한 충분한 이유가 있다. 간단히 말하자면, 우리가 공동체의 구성원으로 간주하는 많은 사람들, 즉 공공 재화와 서비스 조항으로부터 반드시 혜택을 받아야 한다는 사람들 중 많은 이들이 '상호적으로 보답'하기 힘든 상황에 있다. 예를 들어 유아, 질병을 앓고 있는 사람, 장애를 가진 사람들은 사회적 자원 풀에 기여할 수 없다. 그러나 그들이 사회적 자원의 혜택을 누릴 자격이 있다는 것은 매우 명백하다.

이러한 개인들이 우리 사회의 명백한 구성원인 이유는 무엇인가? 답은 이 개인들이 광범위한 공동체와 맺고 있는 관계에서 도출되어야 한다. 실제로 성원권을 관계적 관점에서 채택하는 사람들은 구성원이 '운명 공동체' 안에 존재한다고 생각한다(Held 2004: 107면). 달리 말해서, 공동 구성원은 미래까지 서로 깊게 의존할 정도로 관계가 얽혀 있는 개인들이다. 이러한 관계를 이해한다는 것은 비슷한 문화 정체성을 지닌 사람들뿐만 아니라, 다른 정체성을 지녔지만 함께 일하고 생활하는 사람들에게 선뜻 성원권을 인정해주는 이유를 잘 설명해준다. 또한 기여를 성원권의 **충분**조건으로 여기고 필수 조건이라 간주하지 않는 이유도 설명한다. 나아가 공동체에 단기간 체류하면서 다른 구성원들과 긴밀한 교류가 없는 사람들을 성원권에서 분명하게 배제하는 이유 역시 드러난다. 물론 결정적으로 이것은 많은 **동물**이 구성원으로 간주되어야만 함을 의미한다. 실제로 우리 집 안에서 살고, 거리에서 일하고, 공원에서 뛰노는 길들여진 동물은 의심할 여지 없이 킴벌리 스미스가 묘사한 '돌봄과 의존으로 얽힌 관계'로 존재하며 구성원의 자격을 충족한다(Smith 2012: 61면).

그럼에도 관계적 측면에서 기본적인 성원권은 **지나치게** 포괄적이다. 인간의 경우 지방[local], 민족, 지역[regional], 국제[global] 수준에서 다양한 공동체의 다층적이고 중첩되는 성원권을 소유하는 개인이 등장할 수 있기 때문이다. 하지만 성원권 개념을 지지하는 사람들에게 이것은 **장점** 중 하나가 된다. 그들의 주장에 따르면, 많은 개인들은 이미 다층적인 성원권을 즐기고 있다. 나아가 현대 정치의 기본적이고 특권적인 단위였던 국가의 우선성이 무너지는 것은 환영할 만한 일이다(Goodin 2012). 그러나 동물과 관련해서는 문제가 좀 더 심각해 보인다. 우리는 가축뿐만 아니라 엄청나게 많은 야생동물과도 돌봄과 의존의 관계를 맺고 있기 때문이다. 모든 정치 공동체의 정책과 행위는 야생동물의 삶에 심대한 영향을 미친다. 건설, 농업, 어업, 에너지 생산, 소비, 산업 정책 등 많은 정책들이 야생동물의 삶에 큰 변화를 가져온다. 야생동물의 삶이 인간의 행위와 정책 결정에 '따라' 실제로 바뀌게 된다는 말이다. 이 관계는 반대로 작동하기도 한다. 정치 공동체는 농작물을 수분(受粉)하고, 씨앗을 뿌리고, 밭을 일구고, 해충을 퇴치하고, 물을 여과하는 작업 등을 야생동물에게 의존한다. 이러한 이유에서 야생동물 역시 우리와 함께 '운명 공동체' 안에 존재한다. 물론 야생동물에게 성원권을 허가하는 것은 심각한 문제로 보일 수 있다. 모든 야생동물이 공공선의 입안에 포함될 가치가 있고 공동의 재화와 서비스 조항에서 혜택을 받을 수 있다면, 그들은 사회적 자원의 큰 몫을 요구할 것이며, 결국 자원 고갈을 일으킬 것이다. 모든 조류, 설치류, 어류 등의 동물에게 기본 건강관리를 제공할 때 공동체가 어떤 노력을 기울이게 될지 상상해보라.

그렇지만 나는 이 문제가 겉보기보다 그렇게 심각하지 않으며 특정 야생동물을 우리의 정치 공동체 구성원으로 고려하는 전반적인 논의를 손상시키지 않는다고 본다. 특별한 재화와 서비스를 얻을 수 있도록 **선별되는** 것과 그것을 받을 수 있는 **자격을 얻는** 것은 다르다. 간혹 어떤 야생동물이 특정 재화에서 혜택을 얻을 수야 있겠지만, 모든 것을 배려받을 자격이 있는 것은 아니다. 어떤 재화를 전달하려는 시도가 야생동물을 해칠 수도 있는데, 이런 경우 그 재화를 제공하면 안 된다. 이 주장은 특정 야생동물을 우리 공동체의 구성원으로 포함한다고 해서 사회적 자원을 고갈시킬 정도로 재화를 전용할 필요는 없다는 것을 보여준다.

첫번째 요점부터 다시 살펴보도록 하자. 야생동물은 때로 특정 재화를 제공받아 혜택을 얻을 수 있지만 그것을 반드시 받아야 한다는 것은 아니다. 대부분의 사회에서 자원은 희소하며 모두에게 균등하게 분배될 수 없다. 적절한 분배 방식을 정립할 때, 특정 이익이 문제가 되는 구성원의 수뿐만 아니라 그 이익의 **강도** 역시 중요하기 마련이다. 가령 의료 서비스가 유용한 예이다. 모든 사람이 동일한 치료를 받는 일은 일어나지 않기 때문이다. 한 공동체가 치명적인 질병에 직면했을 때 소수의 인간 집단 혹은 대규모의 쥐 집단이 백신을 접종할 수 있는 자금이 확보됐다고 가정해보자. 숫자가 중요하다면 그 자금은 쥐에게 제공되어야 한다. 그러나 숫자는 그다지 중요하지 않다. 결국 더 뛰어난 복합적 인지력을 갖고 있으며, 미래에 대한 장기 계획을 수립할 수 있는 능력을 지닌, 그리고 풍부한 사회관계 네트워크를 갖추고 있는 인간이 쥐보다 지속적인 삶에 더 강력한 이해관계를 가지고 있다고 가정하는 것은 타당하다. 이것은 모든 것이 인간의 소유이기 때문에 인간의 이익이 모든 비인간동물의 이익을 능가한다고 주장하는 것이 아니다. 이러한 판단은 이전 장에서 다뤘던 **종차별주의**와 다르지 않다. 나의 주장은 오히려 개체들이 공동체 안에서 내재적인 가치와 성원권을 지니면서도 서로 매우 다른 자원을 제공받음으로써 계속해서 존중받을 수 있다는 점을 강조하는 것이다. 중요한 것은 모든 개체들이 자신의 이익을 공정하게 고려하고 그 자체로 중요하게 여긴다는 점이다. 즉 야생동물이 어떤 사회적 조항에서 혜택을 얻는다고 하더라도 그들이 반드시 그것을 제공받아야 한다는 것을 의미하지 않는다.

두번째로, 많은 경우 야생동물에게 어떤 사회적 자원을 제공하려는 시도가 혜택이 되기보다는 해를 끼칠 수 있다는 점에 유의하는 것 또한 중요하다. 예를 들어, 공동체의 모든 지각이 있는 야생동물에게 의료 서비스를 제공하려는 시도는 불가능할 뿐만 아니라 재앙이 될 가능성이 있다. 동물의 삶을 지탱하고 있는 생태계 기능에 대대적으로 개입함으로써 결국 생태계 붕괴를 초래할 것이기 때문이다. 역사에서 드러나듯이, 인간이 자연에 개입한 경우, 그 의도가 좋다고 할지라도 야생동물에게는 끔찍한 경우가 많았다. 이러한 사실에 비추어 볼 때, 야생동물의 이해관계와 성원권을 존중한다고 해서 사회적 자원이 고갈될 정도로 전용되는 결과를 낳지 않을 것이다.

그럼에도 이 주장은 많은 것을 시사한다. 야생동물이 사회적 재화와 서비스를 제공받는 것이 대체로 아무런 이익도 없다면 이들을 구성원으로 포용하는 이유가 무엇인가? 실제로 비슷한 이유에서 스미스, 도널드슨과 킴리카는 야생동물을 다종적 성원권 이론에서 배제하고, 단지 가축을 위한 성원권만을 인정했다(Smith 2012; Donaldson and kymlicka 2011). 그러나 이러한 구분의 문제는 그 기준이 명확하지 않다는 것이다. 첫째, 어떤 야생동물은 특정 형태의 사회적 조항에 이해관계를 갖지 않을 수도 있지만, 다른 동물은 이해관계를 갖는다. 앞서 동물해방론자들의 논증에서 보았듯이, 때때로 백신 접종, 서식지 복원, 먹이 주기 등 야생동물을 위한 개입은 의미가 있는 것으로 설명될 수 있다. 더구나 특정 재화를 제공받는 것이 가축 혹은 인간에게 오히려 이익이 되지 않는 상황도 있다. 일례로 가축은 물론 사람에게조차도 예방 접종을 할 때 받는 스트레스가 잠재적인 혜택보다 더 클 수 있다. 그러므로 우리는 야생동물은 사회적 조항과 아무런 이해관계가 없고 가축은 항상 이해관계를 갖는다는 식으로 야생동물과 가축을 간단하게 구분할 수 없다. 우리가 말할 수 있는 것은 모든 개체들은 정치 공동체에 포용되는 것에 이해관계를 갖는다는 것이다. 즉 정치적 의제를 형성하고, 사회적 조항을 **적용받는 것**에 이해관계를 갖는다.

결론

　이 장에서는 동물이 우리 정치 공동체의 구성원으로 간주되어야 하는 이유에 대해 살펴보았다. 동물이 반드시 구성원이 되어야 한다고 주장했다. 동물의 이익을 그 자체로 중요하게 여기고 존중하려면 단지 해를 입지 않는 것이 아니라 잘 살 수 있는 권리에 대한 이해관계를 인정해야 한다. 이를 위해 우리는 동물복지법, 법적 인격성, 기본권 등이 보장하는 보호법을 넘어 동물을 정치적 지위를 가진 개체로 간주해야 한다. 즉 동물의 내재적 가치를 존중하기 위해 동물을 정치 공동체의 구성원으로 인정해야 하고, 공공선을 숙

의함에 있어 동물을 포함시켜야 한다. 또한 동물과 인간이 돌봄과 의존으로 얽힌 관계 속에 살고 있다는 전제하에 동물을 우리 사회의 동료 구성원으로 인식하는 것이 의미 있음을 살펴보았다.

그렇다면 실제적인 측면에서 정치 공동체는 어떻게 동물의 성원권을 인식하고, 그들의 내재적 가치를 존중할 수 있을까? 동물의 이해관계를 효과적으로 포함할 방법은 무엇일까? 인간 성원권의 경우 익숙하고 다양한 권리와 자격을 통해 보장된다. 예컨대 언론의 자유, 집회의 자유, 정치적 참여 등 다양한 시민적·정치적 권리들을 통해 구성원들의 핵심 이익을 명확히 표현하고 전달하여 공동체의 운명을 형성하고 구성하도록 한다. 하지만 동물이 어떤 유의미한 방식으로 이러한 권리를 확보할 수 있을 것인가? 다음 장에서는 이 질문을 살펴보고, 동물의 성원권을 보장하기 위한 핵심은 동물이 민주적 대표권을 향유하는 것이라고 주장할 것이다.

6장

민주적
대표성

2017년 유럽 전역에 있는 다수의 정치 평론가들은 네덜란드 의회 선거에 주목했다. 그들은 논란의 중심에 있던 우익 정치인 헤이르트 빌더르스가 이끄는 자유당이 전폭적인 지지를 받았는지, 즉 유럽 전역에서 전반적으로 부상하고 있던 포퓰리즘 조짐이 나타났는지 주시하고 있었다. 결과적으로 포퓰리즘 정서의 새로운 물결을 예고하는 결과는 나오지 않았고 중도우파 정당인 '자유와 민주주의를 위한 인민당'People's Party for Freedom and Democracy, VVD이 큰 득표율 차이로 승리했다. 그러나 다른 측면에서 놀라운 결과가 있었는데, 그것은 네덜란드 동물당Party for the Animals, PvdD이 상대적으로 큰 성공을 거둔 것이었다. 득표율은 상당히 낮았지만 하원에서 다섯석을 얻는 데 성공했다. 동물이라는 단일 이

슈를 다루는 정당이 거둔 성과로는 전세계에서 가장 성공적인 결과였다. 뒤이어 네덜란드 동물당은 유럽 의회, 상원, 주정부, 지방자치단체 선거에서도 의석을 얻었다. 물론 동물당은 동물 말고도 여러 정책 이슈에 관여하고 있지만, 동물의 이익에 대해 목소리를 내고 대변하는 것이 주된 목표라는 것을 분명히 한다. "우리 당은 강자의 권리를 중심에 두지 않고, 가장 약한 자들의 이익을 온전하게 보장하고자 한다."(Partij voor de Dieren n.d.)

네덜란드 동물당과 유사한 정당이나 자매 조직을 다른 나라에 만들기 위해서는 무엇을 해야 할까? 정책 결정에 동물의 이익을 '대변'한다는 그들의 목표는 숭고한 것인가? 이를 달성할 수 있을까? 더 나아가, 이전 장의 주장을 고려할 때 이러한 정당들은 동물의 이해관계를 공공선에 포함시키는 것을 보장할 수 있을까? 이번 장에서는 동물이 공공선에 어떻게 의미 있게 포함될 수 있는지를 살펴볼 것이다. 또한 동물의 내재적 가치를 존중하고자 공동체의 성원권을 통해 동물이 민주적 대표권을 가져야 한다고 주장할 것이다. 다음의 이어지는 네개의 섹션에 걸쳐서 이를 논증하고자 한다. 첫째, 동물복지 정당과 같이 동물에게 공감하는 정책 입안자에게 투표할 경우, 효과적인 포용을 달성할 수 있을지 살펴볼 것이다. 이 모델은 인간들의 변덕에 따라 우발적인 통합을 만들어내고, 동물의 성원권을 불안정하게 만든다는 측면에서 불완전하다고 볼 수 있다. 둘째, 특정 '전문가 위원회'가 정책 결정에 중심적인 역할을 함으로써 동물의 이익을 보장할 수 있는지 살펴볼 것이다. 전문가들이 그 역할을 맡을 수 없다면, 동물권이 민주적으로 책임 있는 대표성을 가져야 한다고 주장할 것이다. 셋째, 동물권은 '동물을 전담하는 대표들'에 의해 가장 잘 충족될 수 있다고 주장할 것이다. 이들의 역할은 정치 공동체의 의제 설정과 의사 결정에서 동물의 이해관계가 배제되지 않도록 보장하는 것이다. 끝으로, 한걸음 더 나아가 동물이 단순히 대표가 되는 것이 아닌 정책 결정에 참여할 수 있는 '시민'의 지위를 동물에게 부여해야 할지 질문할 것이다. 그리고 동물에게 이러한 지위 혹은 권리들을 부여하는 것이 적절하지 않기에 이러한 권리 부여 없이도 동물의 성원권을 진전시킬 수 있다고 주장할 것이다.

공감적인 정책 입안자에게 투표하기

동물의 이해관계를 공공선에 포함시키는 가장 확실한 방법은 자유민주주의적인 거버넌스의 기존 메커니즘을 활용하는 것이다. 사실 전세계에 네덜란드 동물당과 그 자매 정당을 설립한 사람들의 전략이 바로 이것이었다. 이 모델에 따라, 충분한 수의 사람들이 동물의 이익에 진심으로 관심을 갖는다면 활동 중인 동물당에 투표할 것이고, 만약 동물당이 없는 경우 정당을 창당하거나 기존 정당의 공약 사항을 수정할 것이다. 그리고 공감적인 정책 입안자들이 권력에 오른다면 공동체의 정치적 방향을 정하는 데 있어 동물의 이익이 반드시 보장되도록 도울 것이다.

이 접근의 명백한 문제는 동물의 이해관계가 이러한 방식을 통해 포함될 거라는 **보장**이 없다는 점이다. 유권자들이 동물당을 거의 지지하지 않을 경우, 동물의 이익은 소외될 것이다. 그로 인해 정당이 선거에서 승리할 확률을 높이기 위해 다양한 방식으로 정치 시스템을 바꾸려고 시도할 수도 있다. 예를 들어, 선거 시스템이 좀더 비례성을 확보하도록 민주적인 개혁을 추진할 수 있다. 네덜란드 사례에서 드러나듯이 신생 정당 혹은 소규모 정당은 비례대표제를 채택한 입법부에 진입할 가능성이 높기 때문이다. 또한 동물당이 기성 정당들과 공정하게 경쟁할 수 있도록 선거 자금과 미디어 사용에 대한 규칙을 변경할 수도 있다. 물론 기존 정당에 가입해서 그 정당들이 동물의 이익을 보다 진지하게 수용하도록 이끌 수도 있다.

이러한 방법 외에도 일부 학자들은 정책 결정에 일명 '심의 포럼'을 더 많이 도입해야 한다고 제안해왔다(Garner forthcoming; Parry 2016). 심의 포럼은 마을 회의, 시민 의회를 비롯해 기타 개방적이고 참여적이며 숙고하는 행사로 정치 공동체 구성원들이 공동선을 이루기 위한 다각적인 쟁점들을 토의하도록 설계된다. 어떤 쟁점에 대해 여러 전문가의 견해를 포함한 다채로운 의견을 경청하는 시간이 제공되기 때문에 시민들은 이기심을 극복하고 더 많은 정보를 얻을 수 있으며 따라서 좀더 공동체에 초점을 둔 의사 결정을 도출할 수 있다(Goodin 1996). 우리가 이러한 제도를 더 많이 활용하고, 동물의 성원권이 항상 인정되고 대변되도록 보장한다면 인간 유권자들은 덜 이기적이 될 것이다. 그들은 토론 중인 정책의 쟁점이 동물에게 어떤 파급 효과를 끼치는지

주시할 뿐더러 동물의 이익을 자신의 책무에 포함시킨 대표자들에게 표를 던지는 경향도 더욱 강해질 것이다.

이러한 심의 제도의 활용이 올바른 방향으로 나아가는 단계는 맞지만, 동물을 포용하는 것을 **보장**할 수는 없을 것이다. 심의 회의의 경우 또한 심의 과정에서 참여자들이 동물의 이익에 보다 더 공감하도록 한다는 보장은 없다. 이 과정을 통해 동물에게 호의적인 후보를 선택할 거란 근거가 없다는 말이다. 이 모든 시도에도 불구하고 동물의 이익은 여전히 인간의 욕구에 따라 배제될 수 있다.

혹자는 이것이 민주주의 정치의 대가라고 단순하게 주장할지도 모른다. 우리가 선호하는 모든 정치 이념이 실현될 수는 없다는 사실 말이다. 일상적인 민주적 절차를 통해 무엇인가를 제정할 의지가 부족하다면, 그 정책이 실패하는 것은 당연지사다. 그러나 이러한 접근의 문제점은 동물을 구성원으로 포용해야 한다는 요청의 본질을 오해하고 있다는 것이다. 앞 장에서 나는 동물이 구성원의 **권리**를 갖는다고 주장했다. 이처럼 동물을 공공선에 포함시키는 것은 단순한 정책 선호가 아니라 **정의**의 의무이다. 동물을 배제하는 것은 동물의 내재적 가치를 존중하지 못하게 하는 것이다

(Garner 2017 참조). 여성, 흑인, 원주민, 기타 소수 집단에 대한 정치적 배제를 두고 어깨를 으쓱이며 "이것이 민주주의 정치의 대가이다"라고 말한다면 이는 적절한 반응이 아니다. 오히려 올바른 대응은 이러한 개인들을 포용하도록 우리의 정치 시스템을 변화시키는 것이다. 이 집단들은 성원권을 가지고 있기 때문에 구성원의 권리를 진지하게 수용하는 정치 시스템에 대한 권리 역시 갖는다. 동물의 경우에도 같은 주장을 적용할 수 있다.

전문가에서 민주적 대표로

동물을 포용하려면 우리의 민주적 과정을 어떻게 변화시켜야 하는가? 배제된 인간들에게 있어 참정권 획득은 결정적인 사건이었다. 투표권 확보가 만병통치약은 아니지만, 배제된 집단들의 이해관계가 정치적 의제를 제한하고 구성하는 것이 가능해졌다. 그러나 동물은 스스로에게 투표할 수 없고, 정책이나 동물을 대리할 입법자에게 직접 투표할 수도 없기 때문에 동물의 이익이 공공선에 포함될 가능성은 희박해 보인다. 한가지 가능성은 동물의 이익에 중점을 둔 '옴부즈맨'이나 '위원회' 같은 새로운 기관을 만드는 것이다. 브라질에는 이미 '상설 동물복지 기술위원회'Permanent Technical Commission on Animal Welfare가 있다. 물론 현재 이 위원회는 동물의 내재적 가치를 일상적으로 침해하는 국내법과 국제법의 틀 안에서 활동하는 상황이다. 그럼에도 불구하고 동물의 이익을 분명하게 대변하는 전문 공직자 배심원들이 적절한 권한을 행사하는 것은 유용할 수 있다. 정치 시스템 개혁을 통해 그러한 전문기구가 헌신적인 '수탁자'로 구성될 수 있으며, 이들은 동물의 이익을 최선으로 통합할 방법을 입법부에 조언하고, 압력을 가하는 법적 의무를 지니게 된다.

하지만 이러한 제안에도 두가지 문제가 있다. 첫째, 입법부가 이들의 활동에 귀를 기울이고 그것을 수용할 것이라는 보장이 있는가? 둘째, 전문가들이 동물을 대신해서 목소리를 내는 것이 효과적이라는 것을 어떻게 보장할 수 있는가? 이 두 문제를 고려할 때 이 작업을 담당해야 할 적임자는 외부의 전문가가 아니라 의회 내에서 **민주적으로 책임을 지는 의원들**이라는 결론에 도달하게 된다. 자유민주주의에서 의원들이 하는 일은 공공선에 부합하는 정책을 수립하는 과정에서 유권자의 이익을 반영하는 것이다. 또한 그것은 유권자를 대표하는 의원들이 책임져야 하는 임무이기도 하다. 사실 선거의 압박 때문에 그들이 최소한의 역할을 할 것이라는 확신이 든다. 동물의 이익이 정책 결정에 적절하게 포함되기 위해서는 이를 담당하는 대표의 역할이 매우 중요하다. 즉 동물의 성원권을 달성하려면, 입법부 내에서의 **민주적 대표권** 또한 수용해야 하는 것이다.

그렇다면 어떤 방식으로 이러한 권리를 이행할 수 있을까? 한가지 가능성은 의원들이 동물의 이해관계를 의회에서의 심의와 활동에 **통합시킬** 방법을 모색하는 것이다(Goodin 1996 참조). 그러나 앞서 다룬 바와 같이, 그러한 공감대를 이루는 정책 입안자를 선출하는 일을 유권자에게 의존하게 되면 동물의 입장이 매우 불리해지고 배제될 수도 있다. 그렇다면 모든 정책 입안자들이 동물을 포함한 **전체** 유권자의 이해관계를 대변하도록 **요구**할 수 있다. 헌법에 이를 의무화하고 국회의원 취임과 동시에 이를 이행할 것을 맹세하도록 하는 것이 가능하다. 또한 의원의 의무 이행을 상기시키는 상징적 수단을 만들 수도 있다. 공동체 내에서 동물의 성원권에 대한 헌법상의 인정 그리고 법적 인격성에 대한 인정은 분명 의미가 있다.

물론 문제는 정책 입안자들이 동물의 이해관계를 통합시키는 데 충분한 압력을 행사하지 않을 수도 있다는 점이다. 의원들이 책임을 지는 대상은 유권자들일 뿐이고, 의원직을 유지하기 위해 의지하는 대상도 유권자들이기 때문에, 유권자들이 인간 구성원의 이익을 우선시할 것이라 보는 것이 당연할 수 있다.

동물 전담 의원

동물의 이해관계를 통합시키는 데 있어 '일반' 의원들에게 의존하는 것이 어렵기 때문에, **동물 전담 의원**을 위해 의석의 일부를 할당해야 한다. 공공 정책의 틀을 짜고 구성하는 과정에서 동물의 이해관계를 적절히 경청하고, 고려·평가하는 업무를 전담하는 입법자가 필요하다(Cochrane 2018). 입법부 내에 이러한 대표들의 존재는 의회 심의 과정에 동물의 이해관계를 포함하도록 **보장**할 수 있다. 이로써 동물 전담 의원들이 동물의 민주적 대표권을 이행할 수 있을 것이다.

하지만 이 제안에 내포된 문제점 역시 분명해진다. 동물이 자신들의 대표에게 직접 투표할 수 없을 뿐 아니라 그 대표성의 본질에 대한 이해 또는 재고가 어렵다. 동물 전담 의원이 실질적으로 의무를 이행하려면 선거에 어떤 방식으로 압력을 행사해야 하는가? 이 질문에 대한 대답은 인간으로 구성된 일종의 '대리 선거인단'을 예로 들 수 있다. 물론 이것은 기존의 문제를 해결하기보다는 재구성하는 것이다. 대리 선거인단이 실질적으로 동물을 전담하는 대표들을 선출하리란 사실을 어떻게 확신할 수 있을까? 결과적으로 이 직책에 선발되기 위한 후보들이 단지 인간 유권자들의 사리사욕에 호소하여 의석을 차지할 수도 있고, 결국 그들의 소임대로 동물을 대표하는 데에 실패할 수도 있다.

한가지 해결책은 대리 선거인단을 동물보호 단체와 같이 동물을 효과적으로 대표할 수 있는 사람들로 제한하는 것이다(Dobson 1996: 132~33면 참조). 그러나 대리 선거인단을 구성할 사람들을 결정하는 것은 매우 어려운 일이다. 유권자로서 어떤 동물보호 단체가 적합하고 어떤 단체가 배제되어야 하는지가 분명치 않다. 일부 개인들이 자신이 진정성 있게 동물을 대표한다고 주장하면서 정작 다른 정치적 의제를 추구할지 알 수 없기 때문이다. 그렇다면 어떻게 결정해야 할까? 더욱이 대리 선거인단을 이러한 방식으로 제한하면, 다른 유권자들이 동물의 성원권 확립을 수용하려는 기회를 놓쳐버릴 수가 있다. 그렇게 되면 급진적인 정치개혁을 보장하고 유지할 수 있는 결정적인 기회가 사라지는 것이다.

또다른 가능성은 대리 선거인단의 자격을 제한하는 것이 아니라 후보자로 나설 수 있는 사람을 제한하는 것이다. 예를 들어, 동물 대표 의석을 얻기 위해 출마하는 개인은 기성 정당 출신이 아니라, 앞서 살펴보았던 동물복지당과 같이 동물을 대표하는 일에 당규와 책무를 집중하고 있는 정당 출신이어야 한다고 명시할 수 있다(Ekeli 2005: 437면). 더불어 동물 정당들의 적격성을 판단하기 위해 사법 감독을 시행함으로써 이들의 '진정성' 여부를 보장할 수 있다. 그렇게 되면 특정 선거구의 모든 유권자가 이들 후보에게 투표할 수 있게 될 것이다. 아니면 추첨으로 선발된 일부 유권자 집단이 구성하는 '심의 선발 회의'를 새로 만들고 여기서 후보자를 선택할 수도 있다. 이 회의 참석자의 임무는 여러 후보자 및 관련 전문가의 견해를 듣고 증거를 수집하여, 해당 역할에 누가 선택되어야 하는지의 문제를 투표 전에 심의하는 것이다.

물론 이것은 동물 전담 의원을 구성한 시스템이 어떻게 작동할 수 있는지에 대한 초기 단계의 제안일 뿐이다. 분명 더 심도 있는 고민, 제도적 실험과 혁신이 필요하다. 다만 전반적인 요지는 동물을 효과적으로 대표하는 것이 가능하다는 것이다. 정치적 의지와 상상력이 있다면 동물의 민주적 대표권, 그리고 그에 따른 성원권을 보장할 수 있다.

대표성을 넘어: 동물은 참여에 따른 이익을 얻는가?

동물의 성원권을 이행하는 데 대표성만으로 충분하지 않을 수도 있다. 아마도 이것은 시대를 너무 앞서가는 견해일지도 모른다. 회의적으로 생각하는 이유는 인간의 대표성에 대한 성찰에서 비롯된다. 공공선에 인간 구성원의 이해관계를 포함하는 것에 관한 한 대표성은 단편적인 해결책일 뿐이기 때문이다. 결정적으로 우리는 인간에게 **참정권**이 필요하다고 생각한다. 그러나 분명한 것은 참정권이 반드시 모든 결정을 대중이 내리는 직접 민주주의를 요구하지는 않는다는 점이다. 오히려 참여는 시민들이 자신의 의사를 명확히 하고, 다른 사람들과 토론하고, 집단적인 정치 조직을 동원하며, 정책 결정자들에게 로비하고 나아가 대표를 선출하는 등의 행동을 요구한다.

이러한 시민적이고 정치적인 참정권은 두가지 이유에서 결정적일 수 있다. 먼저, 자율성에 대한 인간의 이해관계를 존중하는 것은 매우 중요하다. 우리가 개인적인 삶의 방향을 형성하고 결정할 수 있어야 하는 것처럼, 공동생활의 방향 역시 그럴 수 있어야 한다. 여기에는 '공공선'으로 간주되는 것이 포함된다. 하지만 이것을 동물의 참정권으로 확대하기에는 논리가 약해 보인다. 공공선을 대다수 비인간동물이 이익으로 공유하기에는 역부족이다(Cochrane 2009). 지각 있는 동물이 욕구와 자율적 행위를 영위하는 것은 분명하지만, 특정한 목표와 계획에 맞게 자신의 욕구를 반영하고 수정하는가의 여부는 다른 문제다. 유인원이나 고래류, 그밖에 인지적으로 복잡한 비인간동물은 분명 그런 능력을 지녔지만, 기타 비인간동물이 자율적 행위를 할 수 있는 능력이 있는지가 분명치 않다. 유아가 공동체 자치 참여에 관심이 없는 것처럼 대부분의 동물도 마찬가지다.

인간의 성원권 보장에 필요한 참정권에 관한 두번째 근거는 다음과 같다. 간단히 말해 인간의 이해관계를 정책 결정에 적절하고 효과적으로 반영하기 위해서 참정권이 필요하다는 것이다. 인간의 이해관계가 의미 있게 대표되고 통합되기 위해서는 정책 입안자와 공동체 구성원들 간의 지속적인 의사소통이 뒷받침되어야 한다. 구성원들이 '수동적'이거나 '벙어리'로 취급되면 대표자는 자신이 대표하는 이들의 이해관계를 의도적이든 아니든 오해하거나 잘못 해석할 수 있다. 언론의 자유, 집회의 자유, 저항권 등의 참여권은 구성원과 대표자 간의 의사소통을 가능하게 하고 공공선 안으로 이들을 포용하는 데에 있어서 매우 중요하다.

이는 동물에게 참정권을 부여하는 데에 보다 강력한 근거로 보인다. 동물은 수동적이고 말 못하는 존재로 간주되어, 자신들의 이익을 제대로 전달하지 못하게 되는 동일한 위험에 직면한다. 사실 동물의 이익은 종종 매우 복잡하고 파악하기 어려움에도 불구하고 간단하고 단순한 것으로 여겨지는 경우가 많다. 동물이 객관적으로 규정할 수 있는 구체적인 이익을 갖는다고 주장하는 것은 아니라는 점을 분명히 밝혀두고자 한다. 다만 앞 장에서 언급한 대로, 동물은 고통받지 않고 삶을 지속하는 것에 객관적인 이해관계를 가지며, 다른 많은 영역에서도 이해관계를 갖는다는 것은 명확하다. 내 생각에는 오히려 인간이 굉장히 빈번하게 개별 동물들을 자신과 동일시하는 것 같다. 예를 들어 "이것이 소에게 필요한 것이다" "이것이 개들이 잘 사는 방식이다" "이것이 여우의 행동 양식이다"라는 식으로 말이다. 그러나 인간을 포함한 동물은 고유의 인격성을 갖는 개체들이다. 동물과 긴밀한 교류 없이 그들의 이해관계를 단순하게 추정해서는 안 된다.

이 논리가 실제로 동물의 참정권에 대한 근거를 제공할 수 있을까? 결국 우리는 더 큰 문제에 직면하게 된다. 동물이 실제로 참정권을 가질 수 있는가? 동물이 정책 결정에 참여할 수 있다고 가정하는 것이 의미가 있기는 한 것일까? 동물에게 참정권이 있다는 주장을 도널드슨과 킴리카가 제시한 바 있다(Donaldson and Kymlicka 2011). 그들은 가축에게 참정권을 포함한 시민권을 부여해야 한다는 급진적인 주장을 발표했다. 주장을 뒷받침하기 위해 도널드슨과 킴리카는 참여에 대한 전통적인 관점은 오류가 있는 '합리주의'라고 보았다(2011: 112~13면). 참여란 전통적으로 개인들이 스스로에게 가능한 정책적 선택을 합리적으로 생각하고 의도적으로 한명에게 동의하는 과정으로 간주됐다. 그러나 개인들은 자신들의 존재가 정책 결정에 영향을 미칠 수 있는 보다 '구체적인' 조건에서 참여가 이루어지는 것을 선호한다. 예를 들어, 공공장소에 장애인의 존재가 부각됨에 따라 사회가 장애인을 인식하는 방식이 크게 바뀌었고, 교통, 건축 규정, 도시계획 등의 정책 결정에도 영향을 끼쳤다. 도널드슨과 킴리카는 지각 있는 비인간동물의 경우도 마찬가지라고 주장하면서 상점, 공원 등의 공공장소에 동물이 등장하는 것만으로도 정책 결정에 변화가 있었던 구체적인 사례들을 제시했다.

동물을 포함한 개체의 '순전한 등장'이 정책 형성에 영향을 미칠 수 있다는 것은 의심할 바 없는 사실이지만, 이것을 정치적 참여와 동등한 것으로 간주하는 것이 옳은지는 분명하지 않다(Hinchcliffe 2015). 기록적인 강우, 허리케인 혹은 여타 기상 이변은 그 존재만으로 특정 공동체의 정책 형성에 큰 영향을 미친다. 하지만 이러한 현상들이 정치적 의사 결정에 '참여'한다고 말하는 사람은 아무도 없다. 이는 법에 영향을 미치는 것과 법의 선택과 제정에 참여하는 것이 별 개임을 의미한다. 동물은 의심의 여지 없이 정책 형성에 영향을 미칠 수 있지만 법 제정에 적극적으로 **참여**할 수 있는 능력은 없다.

동물이 참정권을 보유하는 것이 가능하지 않다는 것이 곧 동물이 자신의 이해관계를 공공선에 포함시키는 것이 불가능하다는 것을 의미하는가? 우리는 동물을 수동적인 벙어리로 취급하는 허울뿐인 대표성만을 제공할 수 있다는 현실에 체념해야 하는가? 그렇지 않다. 사실상 동물에게 참정권을 부여하지 않고도 동물을 효과적으로 대표하는 것이 가능하기 때문이다. 그렇게 하려면 동물 대표자가 동물의 목소리, 행위, 복합적인 이익에 주의를 기울이도록 해야 한다. 그러기 위해서는 우선 우리의 정치 시스템이 동물과 인간은 소통할 수 있고 또한 소통하고 있다는 사실을 인정해야 한다 (Meijer 2013). 이것은 언론의 자유나 대중의 항의권을 보호하는 방식의 의사소통은 아니지만, 동물의 이익을 공공선으로 적절하게 포용하려면 대표자들이 반드시 동물의 목소리를 들어야 한다. 이러한 맥락에서 앤드루 돕슨은 대표자들이

'훌륭한 경청' 기술을 훈련받아야 한다고 주장했다(Dobson 2014: 175면). 그의 주장은 동물을 대표하는 것에 직접적으로 초점을 두지 않았지만 이것의 적용 방법은 분명하다. 동물의 이해관계를 이해하기 위해 동물 전담 의원들이 동물의 몸짓 언어, 눈의 움직임, 표정, 습관 등을 경청하기 위한 주요 기술을 훈련하는 방법을 상상해볼 수 있다(Donovan 2006; Meijer 2013). 더욱이 돕슨은 대표들이 주기적으로 현장에서 동물과 직접적으로 교류해야 한다고 제안하는데, 이는 우리가 동물 대표자들에게 요구할 수 있고, 또 요구해야 하는 주장이다.

이 장에서 나는 정치 공동체가 동물의 참정권을 부정하더라도 동물의 성원권은 존중할 수 있다고 주장했다. 동물 대표자가 동물에게 적절하게 관여하고 복합적인 이해관계를 적극적으로 모색한다면 정책 형성 과정에서 이를 효과적으로 포용할 수 있다. 그러나 혹자는 이런 제안이 인간에 비해 낮은, 인간과는 다른 정치적 지위를 동물에게 부여한다는 점을 들어 반대할지도 모른다. 우리가 이것을 '시민권 없는 성원권'(Cochrane 2018; Ladwig 2015)이라 부르든 혹은 '참여 없는 시민권'(Hooley 2018)이라 부르든, 동물의 권리가 인간 구성원의 권리와 상이하다는 것은 분명한 사실이다. 반론을 제기하자면, 동물이 스스로 평가하거나 보유할 수 없는 권력을 부정한다고 해서 동물 개체를 해치거나 부당하게 대하는 것은 아니라고 정당하게 말할 수 있다(Lopez-Guerra 2012: 128~29면). 그리고 유아와 정신장애인의 경우와 같이, 참정권 행사를 온전히 하지 못하더라도 개인들을 공동체의 동등한 구성원으로 인정하는 것은 가능하다.

결론

앞 장에서 동물의 내재적 가치를 존중하기 위해 정치 공동체가 동물을 단지 보호하는 것에서 그치는 것이 아니라 동물이 잘 살 수 있도록 도와야 한다고 주장했던 것을 기억할 것이다. 달리 말하면, 동물은 공공선에 그 이해관계가 포함되어 있는 우리 사회의 구성원으로 반드시 인정되어야 한다. 이 장에서는 성원권을 이어 나가기 위해 동물이 민주적 대표권을 향유하는 것이 중요하다고 주장했다. 정책의 틀과 구성에 있어 대표성을 확보하지 못한다면 동물의 이익은 항상 뒷전으로 밀려나기 쉽다. 이런 이유에서 **동물 전담 의원**이 입법 과정에서 동물을 위해 목소리를 내고 동물을 포용해야 한다고 주장했다. 이러한 개인들이 동물을 효과적으로 대변하도록 보장하는 것에는 난제가 따른다. 그러나 일부 제도를 혁신한다면 완전히 극복하기 어렵다고만 볼 수 없다.

물론 여전히 많은 문제들이 해결되지 않은 채로 남아 있다. 동물 대표는 몇 명으로 구성되어야 하는가? 선거구는 어떻게 구성되고 조직되어야 하는가? 동물의 이해관계를 이해하고 적절하게 균형을 잡을 수 있으려면 어떤 방법으로 돕고 교육해야 하는가? 이러한 질문들은 모두 매우 중요하며 후속 연구가 뒷받침되어야 한다. 그러나 제도 설계에 대한 세밀한 논의 부족이 원칙에 대한 광범위한 주장을 막지 않기를 바란다. 동물의 내재적 가치는 동물이 인간 공동체의 구성원으로 포함될 권리가 있음을 의미한다. 그리고 동물의 성원권을 존중하려면 동물이 인간 정치 제도 내에서 민주적으로 대표될 권리가 있다는 것을 인정해야 한다.

이 책을 통해 정치 공동체가 동물과 관계 맺을 수 있는 다양한 방법들을 모색해보았다. 그리고 모든 지각 있는 동물은 내재적 가치를 소유하며 그들 본연의 가치를 존중받아야 할 기본 권리가 있다고 주장했다. 즉 정치 공동체는 동물의 이익을 중요한 사안으로 보고 존중해야 한다. 이를 위해 공동체는 동물이 삶을 지속하는 것과 잘 사는 것을 포함한 동물 이익의 모든 범위를 일관되게 인정해야 한다. 이것은 또한 인간의 작은 이익을 위해 동물의 이익을 쉽게 무시하는 행위가 있어서는 안 된다는 것을 의미한다. 동물의 이해관계를 그 자체로 존중하는 것은 동물의 이익과 인간의 이익을 동일 선상에서 공정하고 공평하게 대우한다는 것을 의미한다.

그렇다면 정치 공동체가 동물의 내재적 가치를 존중할 방법은 무엇인가? 우선, 이전 장들에서 동물과의 정치적 관계를 통제하는 상호배타적 대안들에 대해 개괄하지 않았음을 강조하고 싶다. 오히려 각 장에서 그러한 관계가 가질 수 있는 특별한 특징을 강조하고 분석했다. 사실 이러한 특징들이 동물에게 제공해야 할 것들을 전달하는 역할을 한다고 믿는다.

예를 들어, 정치 공동체는 분명히 동물복지법, 즉 위해를 가하는 특정 관행을 금지하는 일련의 보호법을 갖춰야 한다. 그러한 법률이 마련되어 있지 않다면, 동물은 전적으로 인간의 이익에 부합할 경우에만 보호받게 된다. 일례로, 동물복지법이 없었던 당시의 영국에서 이웃 개에게 황산을 뿌린 사람에게 피해 입은 재산의 비용만을 청구할 수 있었던 사례를 보았다. 그렇기에 동물의 이해관계가 그 자체로 중요하다는 근거에서 특정 관행을 법으로 금지하는 동물복지법은 중요하다.

물론 현대의 동물복지법이 굉장히 부실하다는 데에는 의심의 여지가 없다. 아무도 동물의 내재적 가치를 존중하는 데 관심이 없다. 대다수는 인간의 편의를 위해 동물의 가장 중요한 이익 일부를 희생시키는 것을 허용한다. 그렇지만 동물복지법은 강화될 수 있다. 인간의 이익에 역행하는 법이 존재하며, 이런 법은 동물 자체를 위해 인간에게 의미 있고 집행 가능한 의무를 부과한다. 일련의 법은 동물에게 '법적 권리'를 부여하며, 모든 정치 공동체는 이러한 권리들을 더 많이 수용하고 존중할 의무가 있다.

하지만 가능한 한 가장 엄격한 동물복지법을 제정한다 해도 여전히 동물의 내재적 가치를 존중하는 데에는 충분하지 않을 것이다. 동물복지법은 일반 법률에 속하기 때문이다. 그래서 동물복지법은 헌법이 보호하는 자유나 권리와 충돌할 경우 쉽사리 무시될 수 있다. 그 정도는 독일의 한 예술가가 살아 있는 새를 접착제로 고정하여 전시한 사례에서 확인할 수 있다. 따라서 강력한 동물복지법은 헌법 조항과 결합되어야 한다. 그 조항은 공동체가 동물보호를 진지하게 받아들이고 헌법상의 다른 보호와 같은 토대를 제공해야 함을 명시하는 규정이다.

물론 동물을 위해 헌법 조항을 제정한 국가에서도 동물의 이익은 여전히 인간의 이익에 종속되는 것으로 간주하고 있는 실정이다. 법원이 때때로 위헌이라며 동물에게 위해를 가하는 관행을 금지시키기도 하지만, 아무도 동물의 이익을 인간의 이익과 **동일 선상**에서 평가하려고 하지 않는다. 실제로 산업화된 축산업의 가장 끔찍한 관행 중 다수는 이러한 헌법 조항에도 불구하고 여전히 그대로다.

그 이유는 동물의 법적 지위가 인간에 비해 낮기 때문이다. 특정 동물복지법을 통해 동물의 권리를 확립할 수 있지만 동물의 **기본적인** 법적 권리, 즉 인간과 동등한 법적 권리를 확보하는 것은 여전히 어렵다. 동물의 이익이 아무리 중요하다고 해도 인간의 이익보다 우선할 수 없기 때문이다. 동물에게 인간과 동등한 법적 지위를 부여하려면, 관할 당국은 침팬지 세실리아에 대한 아르헨티나의 최근 판결을 근거로 하여 동물의 '법적 인격'을 인정해야 한다. 법적으로 동등한 지위는 인간과 동물의 이익을 평등하고 공정하게 평가할 수 있는 중요한 토대를 제공한다.

비록 국가가 모든 지각 있는 동물들의 법적 인격을 인정하는 주목할 만한 조치를 했다 해도, 여전히 동물의 내재적 가치가 존중된다는 보장이 없다. 지각 있는 동물은 고통받지 않는 것뿐 아니라 잘 사는 데에도 관심이 있다. 동물의 이익을 그 자체로 중요한 것으로 보호하기 위해 동물을 공공선 형성에 주축이 되는 공동체 **구성원**으로 인식해야 한다. 동물의 이해관계가 정책 수립을 제한할 뿐 아니라 공동선과 서비스의 혜택을 받도록 틀을 짜고 구성되어야 한다.

하지만 동물의 이해관계는 정책 입안 시 입법자들에 의해 쉽게 배제되고 간과된다. 이런 문제를 피하고 동물의 이익이 공공선 구축에 공정하게 고려되려면, 우리 정치 제도 내에서 민주적 대표성을 누리는 것이 필수적이다. 사실 동물의 민주적 대표성을 존중하려면 입법 과정에 동물의 이익을 찾고 표명하고 전달하는 데 기여하는 동물 전담 의원이 필요하다.

전반적으로 이 책은 동물을 위한 다양한 정치적 권리를 주장했다. 지각 있는 모든 동물은 그들의 존재가 중요한 것처럼 정책 입안자들이 그들의 이익을 중요하게 고려해야 할 권리를 지녔다고 주장해왔다. 다시 말해, 모든 지각 있는 동물들은 그들의 내재적인 가치를 정치 공동체에 의해 존중받을 수 있는 기본적인 권리를 소유한다. 더 나아가 동물은 위해를 가하는 특정 관행으로부터 보호받을 권리가 있다. 동물이 누려야 할 권리는 인류의 기본권 및 자유와 더불어 동등한 지위를 향유해야 하는 권리이다. 또한 동물은 우리 정치 공동체의 구성원으로서 동물의 이해관계가 공공선의 형성에 효과적으로 통합되도록 민주적 대표성을 포함한 권리를 가져야 한다.

이러한 권리를 확립하는 것은 굉장히 야심차고 힘든 작업임에 틀림없으며, 이를 지지하는 정치 공동체는 기존의 공동체는 물론 과거에 존재했던 공동체와도 사뭇 다르게 보일 수 있다. 또한 많은 문화적·경제적·심리적 장애물이 이러한 권리의 실현을 가로막는다는 것 역시 분명하다. 그렇기에 이 책의 소임은 일련의 장애물을 극복할 방법에 대한 전략을 짜는 것이 아니라, 이 사안을 언급할 가치가 있다는 것을 보여주는 데에 있다. 아마도 동물의 권리를 실현하는 데 있어 가장 근본적인 장애물 중 하나가 이 책의 도입부에 명시된 것, 즉 동물을 정치에서 분리하는 일일 것이다. 동물과 정치는 완전히 별개의 두 영역 안에 존재한다는 태도는 정치 관행과 학계 양쪽에서 완고하게 이어져왔다. 이 책이 그러한 신화를 불식시키고, 어떻게 동물과 정치가 불가항력적으로 연결되어 있는지 설명하는 데에 도움이 되었기를 바란다. 우리의 정치 공동체는 다종 공동체이다. 정치권력은 인간만의 관심사가 아닌 무수히 많은 비인간 주체에 대해서도 행사된다. 이러한 상호연계성을 고려하여 동물의 이해관계가 우리의 정치사상, 정치 구조와 제도를 어떻게 재편해야 하는지를 주의 깊게 생각하는 것은 매우 중요하다. 우리의 다종 공동체 안에서 동물이 누려야 할 권리의 유형에 대해 절실하게 논의해야 한다. 이 책이 새로 부상하고 있는 중대한 토론에 의미 있는 기여를 했으면 한다.

감사의 글

오늘의 정치 이론^{Political Theory Today} 시리즈에 동물에 관한 책이 포함되어 굉장히 기쁘다. 우리의 정치사상, 정치 구조와 제도에서 동물의 도덕적 가치가 의미하는 바가 무엇인지에 대한 문제는 정치이론가들에 의해 오랜 세월 동안 뒷전으로 미뤄져왔다. 다행스럽게도 이제 변화가 일어나기 시작했다. 갈수록 더 많은 학자들이 다종 정치 공동체의 모습이 어떤 형태일지 연구하고 있다. 이 책은 그런 연구들을 요약하고 있으며, 연구의 많은 부분들이 책을 집필하는 데 영감을 주었다. 이런 맥락에서 나와 함께 아이디어를 논의하고 내 생각을 큰 틀에서 구체화하는 데에 엄청난 기여를 해주신 몇몇 분들께 감사드리고 싶다. 특히 스베냐 알하우스^{Svenja Ahlhaus}, 샬럿 블랫트너^{Charlotte Blattner}, 폴라 카

살Paula Casal, 스티브 쿡Steve Cooke, 수 도널드슨Sue Donaldson, 제스 아이젠Jess Eisen, 카티아 파리아Catia Faria, 라파엘 파젤 Raffael Fasel, 로버트 가너Robert Garner, 존 해들리John Hadley, 댄 홀리Dan Hooley, 오스카 오르타Oscar Horta, 클레어 진 킴 Claire Jean Kim, 윌 킴리카Will Kymlicka, 앤절라 마틴Angela Martin, 에바 마이어Eva Meijer, 조시 밀번Josh Milburn, 마사 누스바움 Martha Nussbaum, 피터 니센Peter Niesen, 시오반 오설리번Siobhan O'Sullivan, 앤지 페퍼Angie Pepper, 제프 세보Jeff Sebo, 크리시카 스리니바산Krithika Srinivasan, 디네시 와디웰Dinesh Wadiwel, 캐 서린 웨인Katherine Wayne, 조 윌스Joe Wills에게 감사를 전하고 자 한다.

법과 관련하여 나의 끝도 없는 질문에 매우 친절하고 참 을성 있게 답변해준 사스키아 스투키Saskia Stucki에게 특별히 감사한다. 또한 셰필드대학교의 '동물, 윤리와 정치' 강의를 수강한 학생들에게도 감사를 전한다. 수업에 열정적으로 참 여하는 학생들을 대상으로 강의한 것은 굉장한 특권이었다. 이 책의 구성과 내용은 수업 중 토론에서 큰 영향을 받았다.

원고 초안을 보고 논평해주신 익명의 검토자 세분께 큰 빚을 졌다. 그분들은 개선이 필요한 부분에 시의적절하고

건설적이며 통찰력 있는 제안을 해주었다. 마지막 감사 인사는 폴리티Polity 출판사의 조지 오워스George Owers와 줄리아 데이비스Julia Davies에게 전하고자 한다. 원고에 대한 중요한 지적과 아이디어뿐 아니라 이 책이 출판되기까지 보여주신 놀라울 정도로 효율적인 작업에도 감사드린다.

2019년 5월 셰필드에서
앨러스데어 코크런

참고문헌

• Animal Welfare Institute (n.d.) 'Canine Members of the Armed Forces Act,' 〈https://awionline.org/content/canine-members-armed-forces-act〉

• Aristotle (1992) *The Politics*, trans. T. Sinclair, rev. edn (London: Penguin).

• Arneil, Barbara (2009) 'Disability, Self-Image and Modern Political Theory,' *Political Theory* 37: 218~42면.

• Augustine (1998) *The City of God against the Pagans*, trans. R. Dyson (Cambridge: Cambridge University Press).

• Barry, Brian (2001[1992]) 'Equality,' in Lawrence Becker and Charlotte Becker (eds), *Encyclopedia of Ethics*, 2nd edn (London: Routledge), pp. 478~84면.

• BBC News (2019) 'German Court Rules Mass-killing of Male Chicks Legal,' 13 June 2019. 〈https://www.bbc.com/news/

world-europe-48620884⟩

• Bentham, Jeremy (1823[1780]) *An Introduction to the Principles of Morals and Legislation* (Oxford: Clarendon Press).

• Cochrane, Alasdair (2009) 'Do Animals Have an Interest in Liberty?,' *Political Studies* 57: 660~79면.

• Cochrane, Alasdair (2018) *Sentientist Politics: A Theory of Global Inter-Species Justice* (Oxford: Oxford University Press).

• Cohen, Carl (1986) 'The Case for the Use of Animals in Biomedical Research,' *The New England Journal of Medicine* 315: 865~70면.

• DeGrazia, David (2002) *Animal Rights – A Very Short Introduction* (Oxford: Oxford University Press).

• Dobson, Andrew (1996) 'Representative Democracy and the Environment,' in William M. Lafferty and James Meadowcroft (eds), *Democracy and the Environment: Problems and Prospects* (Cheltenham: Edward Elgar), pp. 124~39면.

• Dobson, Andrew (2014) *Listening for Democracy* (Oxford: Oxford University Press).

• Dominick, Brian (1997) *Animal Liberation and Social*

Revolution (Syracuse, NY: Critical Mass Media).

- Donaldson, Sue and Kymlicka, Will (2011) *Zoopolis: A Political Theory of Animal Rights* (Oxford: Oxford University Press).

- Donovan, Josephine (2006) 'Feminism and the Treatment of Animals: From Care to Dialogue,' *Signs* 31: 305~29면.

- Drewett, Zoe (2019) 'Finn's Law to Protect Police Dogs from Attacks Comes into Force Today,' *The Metro*, 8 June. 〈https://metro.co.uk/2019/06/08/finns-law-protect-police-dogs-attacks-comes-forcetoday-9871980/〉

- DW.com (2016) 'German court: killing male chicks 'in line' with animal rights laws,' 20 May, 〈https://www.dw.com/en/german-court-killing-male-chicks-in-linewith-animal-rights-laws/a-19273595〉

- Eisen, Jessica (2017) 'Animals and the Constitutional State,' *International Journal of Constitutional Law* 15: 909~54면.

- Eisen, Jessica and Stilt, Kirsten (2016) 'Protection and Status of Animals,' in Rüdiger Wolfrum, Frauke Lachenmann and Rainer Grote (eds), *Max Planck Encyclopedia of Comparative Constitutional Law*, 〈http://oxcon.ouplaw.com/home/MPECCOL〉

- Ekeli, Kristian Skagen (2005) 'Giving a Voice to Posterity –

Deliberative Democracy and Representation of Future People,' *Journal of Agricultural and Environmental Ethics* 18: 429~50면.

• Feinberg, Joel (1974) 'The Rights of Animals and Unborn Generations,' in W. T. Blackstone (ed.), *Philosophy and Environmental Crisis* (Athens: University of Georgia Press), pp. 43~68면.

• Francione, Gary (1995) *Animals, Property, and the Law* (Philadelphia: Temple University Press).

• Francione, Gary (2008) *Animals as Persons: Essays on the Abolition of Animal Exploitation* (New York: Columbia University Press).

• Garner, Robert (2013) *A Theory of Justice for Animals: Animal Rights in a Nonideal World* (New York: Oxford University Press).

• Garner, Robert (2017) 'Animals and Democratic Theory: Beyond an Anthropocentric Account,' *Contemporary Political Theory* 16: 459~77면.

• Garner, Robert (forthcoming) 'Animal Rights and the Deliberative Turn in Democratic Theory,' *European Journal of Political Theory*.

• Goodin, Robert (1996) 'Enfranchising the Earth, and Its

Alternatives,' *Political Studies* 44: 835~49면.

• Goodin, Robert (2012) 'World Government is Here!,' in Sigal R. Ben-Porath and Rogers M. Smith (eds), *Varieties of Sovereignty and Citizenship* (Philadelphia, PA: University of Pennsylvania Press), pp. 149~65면.

• Held, David (2004) *Global Covenant: The Social Democratic Alternative to the Washington Consensus* (Cambridge: Polity Press).

• Hinchcliffe, Christopher (2015) 'Animals and the Limits of Citizenship: *Zoopolis* and the Concept of Citizenship,' *The Journal of Political Philosophy* 23: 302~20면.

• Hooley, Dan (2018) 'Political Agency, Citizenship, and Non-Human Animals,' *Res Publica* 24: 509~30면.

• Kant, Immanuel (1963) *Lectures on Ethics*, trans. L. Infield (New York: Harper and Row).

• Kean, Hilda (1998) *Animal Rights: Political and Social Change in Britain since* 1800 (London: Reaktion Books).

• Ladwig, Bernd (2015) 'Against Wild Animal Sovereignty: An Interest-Based Critique of Zoopolis,' *The Journal of Political Philosophy* 23: 282~301면.

• Lopez-Guerra, Claudio (2012) 'Enfranchising Minors and the Mentally Impaired,' *Social Theory and Practice* 38: 115~

38면.

- Mason, Rowena (2017) 'Gove Says UK Law Will Specifically Recognise Animal Sentience,' *The Guardian*, 23 November.
- Meijer, Eva (2013) 'Political Communication with Animals,' *Humanimalia* 5: 28~51면.
- Nattrass, Kate (2004) '"Und die Tiere": Constitutional Protection for Germany's Animals,' *Animal Law Review* 10: 283~312면.
- Nobis, Nathan (2004) 'Carl Cohen's "Kind" Arguments for Animal Rights and Against Human Rights,' *Journal of Applied Philosophy* 21: 43~59면.
- Nussbaum, Martha (2006) *Frontiers of Justice: Disability, Nationality, Species Membership* (London: The Belknap Press of Harvard University Press).
- Orwell, George (2000) *Animal Farm* (London: Penguin).
- O'Sullivan, Siobhan (2011) *Animals, Equality and Democracy* (Basingstoke: Palgrave).
- Parry, Lucy (2016) 'Deliberative Democracy and Animals: Not So Strange Bedfellows,' in Robert Garner and Siobhan O'Sullivan (eds), *The Political Turn in Animal Ethics* (London: Rowman and Littlefield), pp. 137~53면.

- Partij voor de Dieren (n.d.) 'Stand Up for Animal Rights,' ⟨https://www.partijvoordedieren.nl/standpunten/dierenrechten⟩

- Rawls, John (1999[1971]) *A Theory of Justice*, rev. edn (Oxford: Oxford University Press).

- Raz, Joseph (1988) *The Morality of Freedom* (Oxford: Clarendon Press).

- Regan, Tom (2004[1983]) *The Case for Animals Rights*, 2nd edn (Berkeley, CA: University of California Press).

- Singer, Peter (1995[1975]) *Animal Liberation*, 2nd edn (London: Pimlico).

- Smith, Kimberly (2012) *Governing Animals: Animal Welfare and the Liberal State* (New York: Oxford University Press).

- Torres, Bob (2007) *Making a Killing: The Political Economy of Animal Rights* (Oakland, CA: AK Press).

- Turner, E. S. (1964) *All Heaven in a Rage* (London: Michael Joseph).

- Wills, Joe (2018) 'A Nation of Animal Lovers? The Case for a General Animal Killing Offence in UK Law,' *King's Law Journal* 29: 407~36면.

- Wise, Steven M. (2000) *Rattling the Cage: Towards Legal Rights for Animals* (London: Profile Books).

옮긴이의 말

　동물을 대하는 사회적 태도를 보면 그 사회의 성숙도를 판가름해볼 수 있다. 한국인 네명 중 한명이 반려동물을 키운다. 국내 반려동물 양육 가구 수는 계속해서 늘어나는 추세인데, 동물을 보호하는 사회적 시스템은 이에 부응하지 못하고 여전히 미진한 단계에 머무르고 있다. 우리나라 동물복지법의 현실은 대중적인 공감대 위에 자리잡지 못하고 있으며, 여전히 선진국 법제에 따라 구색을 맞춘 듯한 인상을 준다. 이러한 상황에서 동물권 논의는 먼 나라의 이야기처럼 들리지만, 가까운 미래에 우리가 고민하게 될 사회문제인 것은 분명하다.

　『동물의 정치적 권리 선언』은 영국 셰필드대학교 정치·국제관계학과에 재직 중인 앨러스데어 코크런이 2020년 저술한 책이다. 코크런은 정치이론의 관점에서 동물윤리 문제를 왕성하게 연구해온 학자이다. 그간 『동물과 정치이론 개론』 *An Introduction to Animals and Political Theory*, 2010 『해방 없는 동물권』*Animal Rights Without Liberation*, 2012 『센티언티스트 정치: 글로벌 종간 정의이론』*Sentientist Politics: A Theory of Global Inter-Species Justice*, 2018 등의 책을 출간했다. 『동물의 정치적 권리 선언』은 저자가 네번째로 출간한 단행본으로, 동물의 정치권에 대한 자신의 주장을 쉽게 풀어 설명하고 있다.

동물과 인간의 관계에 대한 연구는 수의학, 생태학 및 생물학, 사회심리학, 윤리철학 등의 분야에서 줄곧 다뤄져왔다. 그런데 현재 '동물복지'와 '동물권'이라는 두 개념이 논쟁의 중심을 형성하고 있다는 것이 흥미롭다. 동물복지를 강조하는 사람들은 인간이 동물과의 유대를 인식하고 동물의 건강과 복지를 보장해야 한다고 본다. 동물은 보호받아야 하는 대상이며, 동물의 고통은 최대한 줄이는 것이 필요하다고 주장한다. 반면 동물권을 강조하는 사람들은 동물복지를 주장하는 것만으로 불충분하다고 생각한다. 오히려 더 나아가 동물은 인간과 마찬가지로 존중받아야 하는 주체이며, 인간은 동물의 권리를 존중하는 과정에서 파생되는 불편함을 기꺼이 감수해야 한다고 본다. 물론 동물권을 주창하는 연구자들 사이에 통일된 입장이 존재하는 것은 아니며 아직은 다양한 토론이 진행 중이다.

앨러스데어 코크런은 정치의 측면에서 동물권 문제를 분석한다는 점에서 주목받고 있다. 『동물의 정치적 권리 선언』은 동물의 기본권을 방해하는 장애물이 '동물과 정치의 분리'이며, 이를 극복하기 위해 동물이 일종의 '정치적 권리'를 획득해야 한다는 파격적인 주장을 제시한다. 우리나라의 현 실정에서는 비현실적인 주장처럼 보일 수 있으나, 저자는 난해한 철학적 논증을 펼쳐놓기보다는 쉬운 사례와 함께 단계적인 논증을 통해 독자들을 설득하고자 한다.

최근 서구 사회에서 동물의 생명과 권리를 지지하는 흐름은 이론적 논쟁과 무관하게 이미 정치화된 측면이 존재한다. 미국과 영국에서 한명의 목숨도 해치지 않았음에도 테러리스트로 규정된 단체가 존재하는데, 바로 동물실험과 학대에 반대하는 활동을 펼쳐온 '동물해방전선'ALF이다. 네덜란드에서는 동물당PVDD이 2017년 총선에서 하원 150석 중 다섯개의 의석을 확보하는 데에 성공했고, 기존 녹색당과는 차별화되는 맥락에서 동물권의 쟁점을 중앙 정치의 무대 위에 올리고 있다. 북미에서 가장 큰 규모의 풀뿌리 동물권 행사로 알려진 동물해방회의Animal Liberation Conference는 매년 미국 캘리포니아대학교 버클리 캠퍼스UC Berkeley에서 회합하며 정보를 공유하고 활동 방안을 논의한다. 역자들 역시 2018년 이 행사에 참석해 다양한 배경의 동물권 활동가들이 보여준 열정과 조직력에 큰 울림과 영감을 받고 돌아온 경험이 있다.

인간과 동물을 거대한 생태계ecosystem의 각각의 평등한 주체로 인식하고, 바람직한 공생 방법을 모색하는 다양한 논의가 전세계적으로 확산되고 있다. 이 책의 마지막 장 마침표까지 완독한 독자들은 인간이 건강하고 행복하게 살 수 있는 지속 가능한 환경은 동물과 조화를 이루며 공생할 때만이 비로소 가능하다는 것을 수긍하게 되리라 생각한다. 막연하지만 깊게 뿌리박힌 '인간은 최상위 포식자'라는 도그마를 벗어나 이제는 덜 폭력적이고 나아가 더 평화로운 방식으로 진화하는 공존을 모색해야 할 때이다.

2021년 5월

박진영, 오창룡

동물의 정치적 권리 선언

초판 1쇄 발행 / 2021년 5월 21일

지은이 / 앨러스데어 코크런
옮긴이 / 박진영 오창룡
펴낸이 / 강일우
책임편집 / 이하림 홍지연
조판 / 황숙화
펴낸곳 / (주)창비
등록 / 1986년 8월 5일 제85호
주소 / 10881 경기도 파주시 회동길 184
전화 / 031-955-3333
팩시밀리 / 영업 031-955-3399 편집 031-955-3400
홈페이지 / www.changbi.com
전자우편 / human@changbi.com